赢在问题解决力

培养主动、快速、正确解决问题高手的权威秘籍

[美] 罗杰·道森（Roger Dawson）◎ 著
李同良 ◎ 译

SPM
南方出版传媒
广东人民出版社
·广州·

图书在版编目（CIP）数据

赢在问题解决力 /（美）罗杰·道森著；李同良译 .—广州：广东人民出版社，2013.1

ISBN 978-7-218-08191-5

Ⅰ.①赢… Ⅱ.①罗… ②李… Ⅲ.①企业管理 Ⅳ.① F270

中国版本图书馆 CIP 数据核字（2012）第 237238 号

Ying zai wenti jiejueli

赢在问题解决力

［美］罗杰·道森　著　李同良　译

出 版 人：曾　莹

策　　划：中资海派
执行策划：黄　河　桂　林
责任编辑：肖风华　梁　茵
特约编辑：涂玉香　林金芳
版式设计：张　英　胡方杰
封面设计：张　英　谈志佳

出版发行：广东人民出版社
地　　址：广州市大沙头四马路 10 号（邮政编码：510102）
电　　话：(020) 83798714（总编室）
传　　真：(020) 83780199
网　　址：http：//www. gdpph. com
印　　刷：深圳市雅佳图印刷有限公司
书　　号：ISBN 978-7-218-08191-5
开　　本：787mm × 1092mm　1/16
印　　张：13
字　　数：186 千
版　　次：2013 年 1 月第 1 版　　2019 年 11 月第 5 次印刷
定　　价：32.00 元

如发现印装质量问题，影响阅读，请与出版社（020-83795749）联系调换。
售书热线：(020) 83790604　83791487　**邮　购**：(020) 83781421

致中国读者信

我是罗杰·道森，很高兴你选购了这本《赢在问题解决力》。在这本书里，我将教给你解决问题的方法，帮你迅速提高解决问题的能力。你一定会觉得物超所值。

我每年至少要到中国做3次演讲，中国的迅猛发展令人难以置信。1988年第一次来中国时，我和儿子约翰到北京、上海、桂林和西安等地旅游，只看到很少的新建筑，没有像样的公路，路上也几乎看不到汽车，人们都是骑着自行车去上班。

如今的中国，城市里高楼林立，宽阔的公路上汽车穿梭如织，高速铁路更是让世人羡慕。但是给人印象最深的，还是成千上万的中国人民摆脱贫困，过上了富足的生活，这在世界历史上是从来没有出现过的。

回想过去的25年里中国面临的严峻挑战和克服的重重困难，你就会明白中国人具有解决问题的天分。

中国有着5 000年的悠久历史，而上述进步都是在最近25年中取得的。生活在当今的中国，经历这所有的一切，你应该感到幸运。下面是本书的简要概述：

1. 你需要多快做出决定?

除非你必须做出紧急决定，否则你要给自己充足的时间进行分析，才会想出更好的解决办法。

2. 你需要全力推进选定方案的实施。

当你确定了一个解决方案之后，就不要再纠结于它是不是最佳方案，只需竭尽全力推行它的实施。

3. 当你面对很多选择时，运用参数决定。

如果你面临很多选择，而且结果并不是很重要时，运用参数解决就可以了。制定你看重的 3 个标准，遇到一个满足这 3 个标准的选择时，就可以确定，然后实施。

4. 最简单的方法最有可能正确。

研究解决问题的人都知道，最简单的方案往往最合适。你可能认为更复杂一些的解决方案会更有效，但这种假设的真实性无法保证。

5. 问题只有两种——人的问题和钱的问题。

你可能难以接受这个观点。要么是钱的问题，要么是人的问题，但我们往往将二者混为一谈。

6. 远离问题，换个环境。

当你被问题困扰时，内心急于尽快解脱，所以很难制定一个合理的解决方案。远离困扰你的问题，换个环境，会有助于找到完美的解决方案。

7. 忘记你投入的所有时间和精力。

应对这类问题时，就当这个问题今天刚刚出现。忘掉之前投入的所有时间和精力，一切都过去了。现在你唯一需要问自己的是："继续下去能达到我要的结果吗？"

8. 解决“做还是不做”的问题。

“做还是不做”的问题包括：我们是否需要购置这处房产？是否应该购进这款新设备？无论何时遇到此类问题，你的第一个想法都应该是：“如果我什么都不做，会怎样？”

9. 让丰田公司的创立者帮助你解决问题。

无论以何种标准衡量，丰田佐吉都是一个极其聪明的人。佐吉1867年出生于日本，父亲是个穷困潦倒的木匠，但他却创立了世界上最伟大的丰田企业。他发明了著名的“五个为什么”原则，即当你遇到问题时，要连着问上5个“为什么”，直至找到问题的根源为止，从而杜绝同类问题再次发生。

10. 在钱的问题上，充足的现金流比资产更重要。

你早晚都会明白：即使你非常富有，但是还会陷入严重的经济困境。对于企业运转来说，充足的现金流比资产重要得多。

这本书还会带给你一个意外惊喜：当你掌握了上述解决问题的技巧，你的自信心将会大幅提升。当你觉得一切尽在掌握，自我感觉就会良好。反之，自卑感强的人很容易被问题困扰，做一个信心百倍的人，一切问题自会迎刃而解。

记住我的承诺：读完此书，你不但会成为一个解决问题的高手，还会觉得生活更加惬意！

祝你前程似锦！

黄锦波博士

美国首位华裔市长

罗杰确实是一位魅力非凡的人物！我阅读了这本《赢在问题解决力》，他阐述解决问题的方法和技巧，独到、有效、实用，令人拍案叫绝！

吴大卫（David Goh）

联合国成功激励大使

运用解决问题的智慧，创造无限可能！罗杰·道森用丰富翔实的案例告诉我们，解决问题是成就事业的关键！

谭兆麟

“中国卓越领导力训练第一人”

深圳拓普理德董事长兼首席顾问

通过与罗杰·道森的零距离学习，我受到了极大的启迪：善用诚信的力量、暗示的力量和爱心力量；努力做到比客户更了解客户；清晰阐释成交给客户的“好处和回报”；高超的谈判力、高度的执行力、准确的问题解决力是赢得成功的真谛。

黄朝扬

钰泰集团总裁、世界最大保龄球馆北京“工体 100”董事长

我之所以在 30 岁就成为亿万富翁，建成了世界上最大的北京“工体 100”保龄球馆，要感谢世界谈判大师罗杰·道森的熏陶和指点，让我能随心所欲地把自己的事业推向另一高峰。

肖东坡

中央电视台主持人、CCTV《乡约》栏目制片人

这个世界上有一种东西是可以相互分享和感染的，那就是精神的力量和智慧。我觉得“世界大师中国行”做这样的事情很好，邀请了许多著名的国际大师到中国来。其实，解决问题是智慧的体现，我相信这些课程对未来中国的经济建设是很有好处的。

徐浩然

远东控股集团公司高级副总裁兼首席品牌官

北京大学经济学院博士后

罗杰·道森是一位大师。他的书，认真阅读，读一遍还不够，还要读许多遍。如果有机会，最好与大师面对面交流一下，领略大师风采，才能更深刻地领悟大师的智慧。

邹中棠

中国名人演说家协会副会长、中青年思想家

罗杰·道森是我遇到过的最有思想的人之一，他的思想让商业激荡着火花。无论是《优势谈判》、《优势执行力》，还是《赢在问题解决力》，都是奋战在商业第一线的总裁、经理们的必读图书。谁读懂了他的思想，谁就站在了商业的巅峰。

许娇君

中国信威集团董事长

罗杰·道森的书是迄今为止我读过的最富有智慧的商业图书之一。罗杰·道森的书都是建立在行为学和心理学的理论基础上，分析人类社会中一些被人忽视的现象，并由此得出对人类社交行为有重大参考意义的结论的书。

华怀庆

华莱士（中国）餐饮管理集团董事长兼总裁

我要把罗杰·道森的书推荐出去，商界的人一定要读罗杰·道森的书，上罗杰·道森的课，只有这样，才能在与外国人打交道的时候，百战百胜。

石　岩

中国（国际）实友会会长、北京实力场策划有限公司董事长

我觉得跟世界的关系，应该是从解决问题开始。解决问题，它是一门学问。所以我们应该领略大师的风采，掌握大师的智慧和解决问题的技巧，同时使我们能够构建解决问题的能力。

推荐序

进取，就是不断地解决问题

武向阳
罗杰·道森中国合作伙伴
亚太国际谈判研究院院长
《谈判兵法》《首席谈判官》作者

世界谈判大师罗杰·道森的新书《赢在问题解决力》的中文译本终于新鲜出炉了！2011 年 12 月罗杰·道森受“世界大师中国行”组委会之邀来到广州进行演讲的时候曾兴奋地告诉我他即将出版新书——《赢在问题解决力》，并在此前将此书英文版的封面发给我，嘱咐我为他的中文译本作序。我敬谢不敏，但是作为他的学生，同时也是他在中国的合作伙伴，我也只有恭敬不如从命了。

与此同时，我的敬佩之心也油然而生，这已经是罗杰·道森的第六本著作了。一个年近七旬的老人，如今仍致力于在世界各地授课演讲，致力于传播他的优势谈判理论，虽然舟车劳顿，但仍笔耕不辍，著书立说，不知不觉间便写出一本充满智慧和哲理的书，真是宝刀越老越放光，美酒越久越甘醇。

《赢在问题解决力》并不是一本关于理论的书，而是罗杰·道森通过自己几十年的商业活动实践而得出的人生经验和情感体验。作为世界商业谈判大师和成功的企业家，罗杰·道森的一生都在孜孜不倦地挑战商界极限，不断地创造着商业奇迹，生性爱冒险的他运用他的优势谈判攻克了一个又一个商业难关。

不可否认，他对于各种各样的问题有自己的一套系统解决方法。

什么是问题？相信不同的人有不同的看法。但是在罗杰·道森看来，世界上只有两种问题，一是人的问题，一是钱的问题，但归根到底还是人的问题。

除此之外，别无其他。也许当别人这样告诉你的时候，你会不相信，就像罗杰·道森本人坦言，30 多年前他听到一位牧师这样跟他说的时候，他也是不屑一顾，但 30 多年过去了，历经商界风云变幻的他此时无比地坚信，如果我们能解决好人与钱的问题，那所有的问题都将会迎刃而解。

仔细想一想，难道不是这样的吗？中国人有句话：对事不对人。“人”和“事”是永远令我们纠结的两大问题，而“事”，不就是钱的问题吗？“事”不能解决，大都是因为在钱上没有达成共识，如果连钱都不能解决的事，那么就是人的问题了，中国人讲究“关系”一词，也就是人脉，因为我们知道，钱不能解决的问题，只要关系处理好了，一切都皆有可能。

当我们明白了这样的道理以后，我们需要做的就是弄清问题的类型——究竟是钱的问题还是人的问题？罗杰·道森在书中不但告诉你如何辨别问题的类型，而且告诉你如何找到解决问题的方法。

他甚至还告诉你如何用直觉来解决问题，作为一个成功的企业家和谈判大成者，罗杰·道森对于商业问题的洞察力和敏感度是无与伦比的。

在他看来，问题的解决并没有什么既定的套路，谁知道在现实生活中会出现什么样的问题？所以善用直觉，接受不确定性，挺胸直立，勇敢地面对这个世界，才是解决问题的高手所应该具备的特质。

最难能可贵的是，罗杰·道森在书中通篇都运用自己在现实生活中的实例来告诉读者怎么来解决问题，读来生动形象，惟妙惟肖，这也是罗杰·道森的写作风格，写自己的事，品自己的人生，为后来者点一盏灯，为进取者开一条路。

世界大师中国行是由国内主流商业媒体《21 世纪经济报道》和《21 世纪商业评论》联合发起，摩克丁（中国）创办，致力推动中外商业思想交流的高端品牌。

世界大师中国行已相继邀请了世界行销大师杰·亚伯拉罕、世界谈判大师罗杰·道森、世界客户服务大师大卫·弗曼多、2008 年度诺贝尔经济学奖获得者保罗·克鲁格曼、世界犹太人理事会主席杰克·罗森和美国前总统乔治·W. 布什等众多享有广泛国际声誉的商业大师及政要走进中国，他们的课程涵盖市场营销、管理、品牌、领导力、客户关系管理、组织战略、犹太智慧、商业谈判、资本运作等几十个商业范畴。

世界大师中国行目前已成为中国高端教育培训业最具专业性及影响力的大师经纪代言人，被誉为“世界大师的幕后推手”。

“生活就是一场谈判”

刘悠扬 顾一心 《深圳商报》记者

淡粉色衬衫、洋灰色西装，配上清爽的蓝色条纹领带，罗杰·道森一脸轻松地坐在记者面前。

“世界上赚钱最快的就是谈判”，当他故作神秘地告诉记者“致富之道”，你很难相信眼前这个孩子气的美国男人，就是美国前总统克林顿的首席谈判顾问，当今世界上最会谈判的人。

身为白宫红人，道森疯狂“谋杀”记者的胶卷。在其长达 10 年的总统顾问生涯中，他经历了 1996 年美国总统大选、巴以和谈、莱温斯基丑闻案等重大历史事件。身处焦点，要么成功，要么被毁灭。罗杰·道森以他的智慧，游刃有余，其秘密在哪里？

2010 年 7 月 4 日，罗杰·道森来到深圳，在中心书城现场演说，吸引了上千名读者到场。演讲前，本报记者对他进行了专访。

【谈克林顿】“最有魅力的政界人物”

“他直视着我的眼睛说：‘罗杰，如果你支持我，我会坚持。’我说：‘有我在呢，总统先生。'”多年以后，罗杰·道森回忆起1996年美国总统大选最重要的一场电视辩论，依然历历在目。面对来势汹汹的共和党人罗伯特·多尔，克林顿犹豫了，是罗杰·道森让克林顿重新回到讲坛并赢得了选民的支持。

罗杰·道森最为人津津乐道的一个身份，就是前美国总统克林顿的首席谈判顾问。事实上，在美国政治谈判领域，有两座高峰，会让任何妄想超越的后来者胆战心惊。一位是联邦调查局反恐谈判顾问赫布·科恩，而另一位，就是罗杰·道森。

依靠其对国际政治的谙熟，对政治局势的敏锐嗅觉以及他那似乎与生俱来的无与伦比的谈判技巧，当他无数次突然与米洛舍维奇或者沙龙坐在谈判桌旁之后，他总是会带着一份值得《纽约时报》或CNN拼命炫耀的胜利飞回华盛顿复命。

但媒体从不放过他，就算克林顿潇洒卸任，他也功成身退，但依然有无数好奇的记者整天对他“围追堵截”，追问那些不为人知的政坛秘闻。面对本报记者的好奇，罗杰·道森依然保持了美国政府智囊团一贯以来的低调和神秘，对亲身经历的政坛往事轻描淡写。

不过，在谈到克林顿这位旧日总统时，罗杰·道森仍不乏赞美：“克林顿先生是我见过的最有魅力的政界人物。当他走进一个有50人的房间时，他能很快和所有人握手寒暄；而当他离开房间的时候，所有人都会觉得‘他是专门为我而来的’。”

【虎口救人】当面说服萨达姆释放人质

作为谈判专家，罗杰·道森最富传奇色彩的手笔即“虎口救人”——说服萨达姆释放了一名美国人质。

1991年的一个夜晚，罗杰·道森在家中接到一个电话。对方说自己在科威特石油公司的兄弟被萨达姆扣为人质。电话那边的人想聘请罗杰·道森为谈判顾问，“无论花多少钱都愿意赎回他的兄弟”。让对方大感意外的是，罗杰·道森说，不用花一分钱赎金就能救回他的兄弟。“金钱并不能打动萨达姆，我们必须真正明白萨达姆想要什么。”罗杰·道森考虑到，海湾战争期间，全世界对萨达姆的印象都很不好，萨达姆当时急需改变这种印象，因此他开始调动新闻媒体来报道这一事件。

几经波折之后，罗杰·道森在伊拉克邻国约旦见到了萨达姆，并说服萨达姆在镜头前发表了20分钟的演讲，最后释放了人质，“要知道，这是那段时期萨达姆所放出的唯一人质”。

“这个案例或许可以表明，我们必须站在对方的立场考虑问题，必须明白对方想要什么，因为我们想要的东西可能对对方是毫无价值的。”讲完故事，罗杰·道森还不忘加上一段谈判技巧“注解”。

【最喜欢的头衔】“商务谈判训练师”

在进入政坛之前，罗杰·道森更广为人知的身份是企业家。他先后创办了多个企业实体，产业涉及地产、教育、休闲服务等，年营业额超过上亿美元，是美国企业界一颗耀眼的明星。

20世纪80年代初，罗杰·道森受聘于加州最大的房产公司任总裁。在罗杰·道森掌管该地产公司期间，他把业务扩大到了全美各地，拥有数十个地产项目，建立了28家分公司，雇员上千人，年营业额超过4.5亿美金。

如果你问是谁训练出了美国战后最多的销售部门主管和职业经理人，那么答案毫不犹豫只有一个，那就是罗杰·道森。

这位被《福布斯》评选出的“全美最佳商业谈判教练”，与同样举世闻名的爱丁堡首席谈判专家盖温·肯尼迪一样，也热衷于为企业领袖和主管进行商务谈判技能的培训，如今许多活跃在国际商场上的跨国企业谈判高手，都师出罗杰·道森。

尽管拥有诸多耀眼头衔，但名片印的头衔是“商务谈判训练师”。问及他最喜欢的身份时，他脱口而出的也是“商务谈判训练师”。

他说，自己人生最得意的不是做过“能左右世界政治格局”的内阁高参，也不是坐享实业家的名利双收；而是“协助全美上万家企业培养了无数个销售主管和商务谈判高手”。

【认识谈判】世界上赚钱最快的生意

他真是个特立独行的人。罗杰·道森16岁时就放弃了学业，“我想，自己从学院里学到的东西已经够多了。”20岁时，他开始环游全球，到今天为止，他已经去过113个国家。“美国人很少去国外，他们总是对自己以外的世界缺乏了解。而旅行让我懂得如何与不同的人交流，这对我后来的职业大有帮助。”

他也自认是个情商很高的人。“我出生于传统保守的英国社会。英国人的处世习惯很低调，善于敛藏自己的感情。在英国，绅士的定义就是‘不冲动’。”这种英国式的性格，很大程度上演变成了他的职业习惯。

这位为谈判而生的美国人坚信“生活就是一场谈判”：幸福需要谈判，商业互动需要谈判，与人合作需要谈判，领导团队需要谈判，国与国之间需要谈判，夫妻关系需要谈判，亲子教育需要谈判……

他兴致勃勃说起帮女儿朱莉亚买车的小故事。“朱莉亚试驾了一辆二手宝马车，立刻就爱上了，硬拉着我陪她去谈价格。在路上，我问她做好了两手空空回家的准备吗？她叫起来：‘不！当然不！’我回答说：‘如果你抱着这样的心态，那直接付钱算了，价格只能是人家说了算。’”

最后，那次砍价花了两小时，罗杰一共两次走出销售厅。最后成交的价格比朱莉亚当初预想的要低2 000美元。“两小时赚了2 000美元，想想看，这个世界上还有什么生意比谈判来钱更快呢？”罗杰笑着说，这道理适用于全球所有的CEO，几分钟时间内，谈判可能会决定是“赢得还是失去几千万乃至数亿美元”。

对话罗杰·道森

《深圳商报》：您第一次来中国是什么时候？对中国观感如何？

罗杰·道森：我第一次来中国是 1988 年。此前在我印象中，中国是很神秘的一个国家。那次我去了北京、上海、桂林、西安 4 个城市。这次已是我 22 年来的第 20 次中国之行。在过去 22 年里，中国发生了美妙而令人惊讶的变化。

深圳也是在 30 年间迅速崛起。在任何国家的历史上，都没有这样的奇迹。在这几十年当中，看看中国，看看印度，有超过 20 亿的人口因为这两个国家的崛起富裕起来。

20 岁的时候，我去了加利福尼亚。那时我想，加州有那么多机会。如果现在我还是 20 岁，可能就不去加州了，我就来深圳了。我们应该知道我们有多幸运，我们现在是站在中国最好的地方——深圳。

《深圳商报》：您曾说谈判桌上，中国人比美国人更淡定。您为何如此判断？

罗杰·道森：这是中国人内心的一个特点。他们每一个人都很努力，都想成功。如果你去俄罗斯或非洲，你无法感受到这种氛围。

中国人个个都是天生的生意人。他们善于讨价还价，也非常享受讨价还价过程中的乐趣。中国人谈生意注重的是关系，而且讲究“先讲情，再论理，后依法”。美国人视签署协议为谈判的尾声，而中国人却认为这是双方关系的开始。因此，在美国，一旦一方违约，另一方随时都会诉诸法律，而中国人一旦在法庭相遇，就很难再有合作的可能了。

《深圳商报》：同样是付出和贡献智慧，您怎么看为美国政府工作和为企业家工作带来的快感？帮助企业成长的成就感难道大于帮助克林顿获选总统？

罗杰·道森：我为克林顿总统工作，他就成了我的雇主。当他深夜打电话过来说："罗杰，有麻烦了！"作为一个每月固定从国库里拿走薪水的人来说，你还能安然入眠吗？

白宫从来都不缺少卓越的谈判高手。事实上，真正为企业提供商务谈判专业训练的人却相对较少。能为那些需要我的人工作，为他们付出和贡献智慧，赢得尊重和认可，是我最大的荣幸，也是我存在的意义。

目 录 SECRETS OF POWER PROBLEM SOLVING

第 3 章 大量搜集准确的信息 51

市场调查的开支甚巨，但所得到的有用信息却非常有限，怎样降低信息成本？福特汽车董事会主席如果预先打电话给罗杰·道森，他还会做出收购捷豹汽车的重大决定吗？现实生活中的信息总是严重偏移，导致决策屡屡失误，应该采取怎样的补救措施？建立一套系统方法，搜集足够的正确信息，你才能做出明智的决定。

第 4 章 复杂问题，简单解决 65

一批变速自行车以史无前例的 2.5 折低价转让，经营园林工具的公司老总该不该接下这笔利润丰厚的生意？某位要员即将离职的流言传开，公司上下顿时人心惶惶，你该如何应对这个局面？用对方法，复杂问题也可简单解决。

CHAPTER

第 1 章

人的问题 VS 钱的问题

TYPES OF PROBLEMS

辛辛苦苦培养的业务精英，突然以增加 5 万美元年薪相要挟，否则就辞职并为竞争对手工作，老总应该接受这个条件吗？

当公司遭遇现金流危机，是拖欠工资，还是降薪，或干脆辞退一部分员工？

克林顿高中时曾吸食大麻，当选总统后，面对媒体穷追不舍的报道和质问，他该如何应对？

看似复杂难解的表象之下，要么是人的问题，要么是钱的问题。

Secrets
of
Power
Problem
Solving

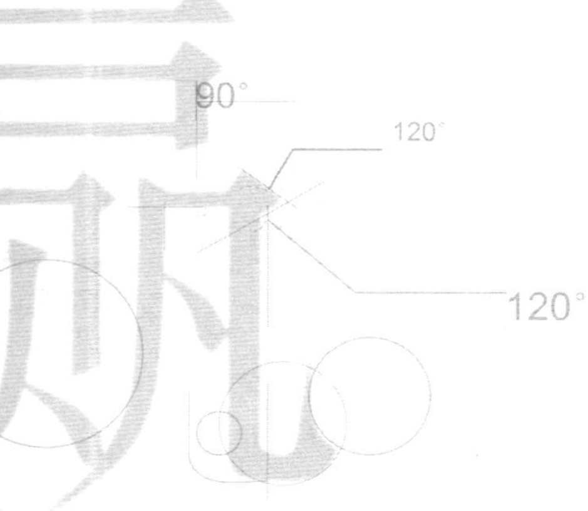

只有那些善于解决问题的员工，才是我们真正需要的。
他们是企业的财富，是企业基业长青的基础。

约翰·戴维森·洛克菲勒

我每年都有 10 个月的时间忙于为国内外的一些公司和协会做培训。为此我也获得了和那些成功人士深入交谈的机会。只要时间允许，我总是喜欢在培训的前一天晚上和那些公司的总裁或者协会领导共进晚餐，这可是探知他们成功奥秘的绝佳机会。

因为对“解决问题”这个论题越来越着迷，所以我便向那些成功人士请教如何解决问题，他们在公司里采用什么样的程序应对问题。

结果让我大跌眼镜：几乎没有人有解决问题的固定程序。那些建立企业帝国并广受业界尊崇的商业巨鳄，那些为一个项目斥资数百万美元并且为之呕心沥血的商业精英，似乎也不知道如何解决问题。

典型的回答是：“问题出现了，我们就讨论一下。如果感觉对了，就继续进行。”这岂不是太滑稽了吗？但凡他们知道一丁点儿解决问题的方法，事业不知道会比现在好多少倍。

解决问题当然有更好的方法，首先必须改变解决问题的思维方式。要想成为解决问题的高手，你必须集中精力在解决问题的程序上而不是问题本身。一旦拥有了完善且行之有效的解决问题的程序，你就会对自己每次做出的选择充满信心。或许你以前经常做错决定，但是如果你学会了本书中解决问题的简单技巧，你将来所做的每一个选择都会是正确的。

在第 1 章中，我将介绍两种类型的问题以及解决方法。之后，我再讲解解决问题的具体工具。这些工具包括：

从根本上解决问题的“五个为什么”；

巧妙摆脱人际困境的 6 原则；

轻松化解现金流危机的 7 招式；

创造更多解决方案的 10 步法。

下面，我们就先从问题的类型开始吧！

全世界只存在两种问题

本节关键要点

◎ 世界上的问题只有两种：人的问题和钱的问题。人们经常将两者混为一谈，当他们遇到钱的问题时总以为是人的问题。

◎ 即使需要一大笔钱来解决时，你遇到的也可能是人的问题而不是钱的问题。

解决问题的第一步就是确定问题的类型，关于人还是关于钱。问题其实只有两种：即人的问题和钱的问题。你可能难以接受，一定会说实际情况远比这要复杂得多。

解决问题前，先分清问题的类型

请相信我，没有任何例外，要么是钱的问题，要么是人的问题——仅此两种。只不过有时需要同时运用这两种问题的解决技巧。一旦将二者混为一谈，你就会遇到麻烦。

不加薪，下属就要辞职为竞争对手工作?

托马斯在新泽西有一家由60个连锁店组成的汉堡零售公司。

问题出在托马斯的第一位员工身上，这个家伙是他一手栽培起来的。托马斯把他从街上的售货摊带进了办公室，他现在已是公司的执行副总裁，住着公寓，开着奔驰。

可有一天他竟然对托马斯说，他要辞职去为竞争对手工作。托马斯为他做了那么多，他怎么能够这样呢？托马斯问如果加薪，他是否愿意留下来。他虽然同意，却要求每年加薪 5 万美元！这简直就是敲诈！

这个例子中托马斯遇到的是人的问题，而不是钱的问题。假如他能够清楚地看到这一点，他就会平静下来，协商一个解决问题的办法。他会平心静气地想 ："当然，每年 5 万美元可以把事情搞定，但应该有更好的方法来解决这个问题。每年加薪 5 万美元是很荒谬的事情，他也明白这一点，所以他一定是因为其他事而想跳槽。我们需要好好谈谈，我得给他戴戴高帽，然后把这个问题解决，可能只要给他 1 万美元和一辆新车就足够了。"

下面是一位母亲遇到的问题。

佩妮那 25 岁的儿子快把她逼疯了。她爱他，但再也无法忍受和他一起住了。他在深夜里还狂欢饮酒，大声嚷嚷，快把佩妮搞疯了。她曾经试着定了一些家规但根本不起作用。后来，她觉得最好的办法就是把儿子赶出这个家，让他独自去闯荡。但如果那样佩妮可能再也见不到他了，他是她唯一的儿子，她又不想和他彻底断绝关系。

佩妮看似遇到了人的问题，其实是钱的问题。如果我问她，假如她每月花 800 美元在外面租一个公寓给儿子住，情况会怎样？她可能会这样对我说 ："那一切就都解决了，可是我没有能力每月给他 800 美元。"情况可能就是这样，但当我给她指出问题症结时，她将会第一次认识到原来她面对的不是人的问题，而是钱的问题。

你可能会想 ："人是如此的肤浅，总是认为钱可以解决一切问题。我才不要以收买他人的方式过完一生。"不错，你说对了。但若想成为问题解决高手，我们就必须准确分析问题类型。切记，千万不要将人的问题与钱的问题混为一谈！

分清重要与次要问题

曾经有位意大利的先生给我发来电子邮件，说他想去加利福尼亚，因为他觉得这是一个千载难逢的发展机会。但这意味着至少5年的时间里，他不能照顾妻子和两个女儿。

解决问题的高手一眼就能看出他犯了两个非常明显的错误。

错误1：他没有正确认识问题，也就是说，他没有认清问题或者机会的全貌。

错误2：他贸然得出自己正处于两难境地的结论。他认为自己只能在“去”与“不去”之间做选择，却没有分清主要和次要问题。

我对他说，他一定是疯了才会离家5年。如果这样，他将错过见证两个女儿成长的机会。他原本应该努力探寻带着家人一起搬往加利福尼亚的万全之策，却将问题简化成“抛下家人前往加利福尼亚”或者“不去加利福尼亚”的两难选择。

一位旧金山的女士打电话告诉我，她丈夫已经调往圣地亚哥。他在那儿至少得待上一年或更久，此后公司将会给他升职，再把他调回旧金山总部工作。她不知道自己是应该忍痛卖掉房子，跟随丈夫一起去圣地亚哥，还是待在家里等着丈夫回来。

对于解决问题的高手来说，这是一个没有分清主要与次要问题的典型例子，稍加分析她就会做出选择。我告诉她，假如她还在乎他们的婚姻，最好就搭乘下一个航班立刻飞往圣地亚哥。她没有仔细思考可能产生的后果：圣地亚哥可不是艾奥瓦州的苏市，如果放任丈夫独自一人待上一年，那他们婚变的可能性非常高。稍作权衡，她就会明白该如何决定。

提出正确的问题

在中国广州的一个研讨会上，有个小伙子问我，他是否应该和他恋爱多年的女朋友结婚。他爱她，她也想嫁给他，但他下不了决心。

就解决问题的角度来说，这是一个未能准确定义问题的典型例子，他把不同的问题混为一谈。解决问题的高手不会因为这类问题而痛苦。他们思维敏捷、逻辑清晰。在外人看来，他们似乎拥有瞬间就能解决问题的能力，其实他们只不过是快速地思考了一系列的步骤而已。

我没见过他的女朋友，我告诉他，他应该结婚，但不是和现在的女朋友。他混淆了两个互不相干的决定。毫无疑问，他应该结婚。直到现在，我依然认为结婚是人生中最美好的事情，但是他非要问我是否应该和他的女朋友结婚的话，那么我的答案是否定的。如果遇到了真正的心上人，他马上就会做出决定完全不必询问任何人，更不用说像我这样素昧平生的陌生人。我告诉他，一旦遇到了真正的心上人，他想结婚的念头就是 8 匹马也拉不回来。这是一个大胆的回答，却赢得了在场观众热烈的掌声。

像谈判专家那样搞定最难搞的人

本节关键要点

◎ 人的问题，假如 48 小时后问题还没有自行解决，就应该采取行动。

◎ 遇到问题要冷静。不要给人留下太过敏感的印象，它会让和你谈话的人三思而后“言”。

◎ 保持沟通渠道畅通。你必须和当事人交流，否则情况会变得更糟。

◎ 在一些小问题上达成共识，为解决重大问题创造空间。

问题只有钱的问题和人的问题两种，我们不妨先谈一谈两种问题中比较难处理的人的问题。

以下内容来自多年来我对人质劫持事件的研究，而这类事件又是人的问题中最棘手、最难处理的。

人的问题，一定要在 48 小时内解决

如果某人生你的气，你也许需要回避一下，看看 48 小时后问题会不会自动烟消云散。或许他可能只是一时冲动发脾气而现在已后悔不已；或许他在气头上说的话现在早已经忘掉了，当然不会影响你们的关系。但是，如果 48 个小时后，那个人还在生气，你就必须和他谈谈，不能再继续回避了。

当有人让你很生气时，切忌鲁莽行事。我无数次地制止自己可能激化

矛盾的愤怒反应。前总统克林顿也深谙此道。他出任阿肯色州州长时，曾因“我没有将烟吸入肺部”这类随口应付而陷入困境。

> 克林顿上高中时曾吸食过大麻。当有人问及克林顿是否吸食过大麻时，他只是给出一个含糊其辞的回答，“在英国的时候，我尝试吸过一两次大麻，我不喜欢那种感觉。我没有把烟吸进肺里，以后再也没有试过。”于是，媒体便紧抓这个问题不放。作为曾经的总统和现任国际大使，在他回答之前，你几乎可以听到他扳着手指头从 1 数到 10。

如果你的老板突然对你十分冷淡，那么你就非常有必要找个机会和他好好谈谈。可能是他误会了你的想法，也可能是其他同事打小报告故意破坏你和他之间的关系。

正如安抚因鸡毛蒜皮的小事而对你稍有不满的孩子一样，人的问题也一定要在 48 小时内解决。

解决问题时，切记不要反应过度。最不可取的做法就是给人留下太过敏感的印象，这会让和你谈话的人三思而后“言”。

假如你的问题与老板有关，那你可以跟他助手谈谈。“老板对我不满吗？今天早上来我们部门的时候都没有搭理我。”助理可能这样告诉你：“噢，没事啦。一切都好，只是总公司那边有点事让他心烦而已。”

假如你的问题与孩子有关，那你应该问问其他兄弟姐妹：“他最近有什么烦心事吗？”

假如你的问题是担心父母对某件事情的态度，那你可以试探着问：“妈妈，爸爸这些日子是不是有什么烦心事？他整整一个星期没有吼我了！”

保持沟通渠道畅通

这条原则是我从对人质谈判研究中得出的结论：你必须不惜一切代价

建立并保持沟通渠道畅通。除非对方主动和你交涉，否则情况会变得更糟。人质劫持事件中，首先要做的就是建立起沟通渠道以便谈判。此时，千万不要因为劫匪提出的无理要求而大怒，让他们尽管提要求，保持沟通渠道畅通。

谈判里有一个专业术语叫“接受时间”，即人们认识到不可能成功是需要时间的。这样的例子有：

死亡。人们可能要花上几十年时间才会接受这样一个事实，但最终他们都会渐渐接受。

抢劫。抢劫犯要抢走 1 000 万美元，然后逃之夭夭，可他们最终会面对现实，缴械投降。

出售房产。人们总是会对自己居住已久的房子充满感情，所以他们刚开始时可能会报价 100 万美元。可过了 6 个月之后，他们发现别人并不会像自己那样对这栋房子充满感情。

升迁。你本来可能希望去纽约当副总裁，可经过一个周末的痛苦挣扎之后，你发现在埃尔帕索当个片区经理也是不错的选择。

考大学。你本来一心盼着自己的儿子能上大学，可最终你不得不接受这样一个现实：以他的成绩，最多只能去社区大学。

同样，校园劫持案就需要更多的接受时间，可能是几个月甚至更长。但比起当局发动强攻导致人质丧生、几百人受伤的结果来，这要好得多。

面对僵局，使用“暂置策略”

我们将双方都对解决问题不抱任何希望时的情形称为僵局。所谓僵局，就是双方在关键问题上分歧很大，似乎没有和平解决的可能。处理僵局的方法是在一些小问题上达成共识，为解决重大问题创造空间。这种方法叫作“暂置策略”。

小小让步，促成巴以和谈

1991 年，美国试图让以色列再次回到和平谈判桌前与巴勒斯坦解放组织进行谈判，我们的国务卿詹姆斯·贝克 (James Beak) 再次遭到了以色列的强硬抵制。以色列人起初坚持认为，只要一进行谈判，对方就会提出要以色列从巴勒斯坦定居点撤军，而在以色列看来，撤军是绝对不可能的，所以他们干脆拒绝与自己的敌人坐到谈判桌前。詹姆斯·贝克是一个非常聪明的谈判高手，他知道，要想让以色列重新坐到谈判桌前，他必须把僵局问题放到一边，首先解决一些小问题。

于是他说："好的，我也意识到你们并不准备和巴勒斯坦人举行和平会谈，可我们不妨先把这个问题放到一边。设想一下，如果真的举行和平会谈的话，你们希望会谈的地点在哪儿？是在华盛顿，或者是中东，还是在一个中立城市比如马德里呢？"

通过讨论这些看起来微不足道的问题，我们一步一步地把谈判推向前进。然后我们提出了巴勒斯坦谈判代表的问题。如果巴勒斯坦解放组织派出代表参加谈判，以色列方面希望谁来代表该组织？解决完这些小问题之后，我们发现再和以色列讨论和平问题已经变得很容易了，他们最终同意和巴勒斯坦解放组织举行和平会谈。

当你正在与客户进行谈判，而客户告诉你："我们可以和你谈谈，可问题是，我们要在新奥尔良举行年度销售会议，如果希望成为我们的供应商，你们就必须在举行销售会议那个月的 1 号之前交来样本，否则，我们也就没必要浪费时间了。"这个时候，你不妨考虑使用暂置策略。

即便根本不可能在那么短的时间里拿出样本，你仍然可以使用暂置策略："我知道这对你很重要，但我们不妨把这个问题先放一放，讨论一些其他问题。比如说我们可以讨论一下这项工作的细节问题，你们希望我们使用工会员工吗？关于付款，你有什么建议？"

通过使用暂置策略，你可以首先解决许多小问题，并在最终讨论真正的重要问题之前为谈判积聚足够的能量。千万不要把焦点集中到某一个问题上（那样双方就一定要分个输赢）。

通过首先解决那些小问题，就会形成一些动力，从而使那些比较大的问题更容易得到解决。

陷入死局，引入第三方

所谓死局，即双方都认定相互沟通已无任何意义。

如果你的问题到了这个程度，解决办法只有一个：引入第三方作为调解人或者仲裁者。

但调解人和仲裁者有很大差异。调解人没有太多权力，他们的任务是促成问题的解决。但仲裁者不同，在具有约束力的仲裁裁决中，必然会有赢家和输家，最终仲裁者有权决定谁是过错方以及该受到何种惩罚。但无论是调解人还是仲裁者，关键是让当事双方都觉得他们的立场是中立的。唯其如此，他们的调停才能发挥作用。

假如你要解决人的问题，那你就应该选择接受调解而不要选择适用于解决钱的问题的仲裁。

想让第三方力量真正发挥作用，他首先必须是“中立”的。在有些情况下，为了让你的对手认可你所请来的仲裁者或调解人，你可能要花上许多心思。打个比方，如果你只是简单地请来自己的销售经理，你觉得顾客会认为这位经理是中立的吗？几乎不可能。所以要想真正发挥调解人或仲裁者的作用，你的经理必须在顾客心目中确立一种“中立”的感觉。要想做到这一点，你的经理必须在一开始就向对方做出一些让步。

比如说，即便经理已经清楚地知道整件事情的来龙去脉，他还是应该问：“我不清楚到底发生了什么事，你们可以把情况说明一下吗？”请注意，这里的措辞是非常重要的。通过要求双方阐明自己的立场，这位经理其实是在尽力确立一种毫无偏见的形象。而且在谈话的过程中，他还应当注意避免使用“我们”之类的字眼。

耐心地听完双方阐明的立场之后，他就应该转过身告诉你：“你这样做公平吗？我觉得你应该仔细考虑一下客户的建议，你能接受 60 天的账期吗？”千万不要以为你的经理是在胳膊肘朝外拐，事实上，他只是在尽量让客户相信自己是“中立者”罢了。

避免对抗性谈判

你在谈判刚开始时的表现往往可以为整个谈判奠定基调。从你的言谈当中，对方很快就可以判断出你是否有意向达成一个双赢的解决方案，或者还是要尽全力为自己一方争取到最大的利益。律师在谈判时往往就具有这个特点：他们通常都是一些非常喜欢对抗的谈判者。当你收到一个白信封，发现信封的左上角有几个突起的黑字，这时你不禁会想：“律师函，哦，不，这次又出了什么问题啊？”打开信封，你会看到什么？你会看到威胁的字眼。他们会告诉你—如果你不答应他们的要求，他们就会怎么对付你。

从事谈判工作的律师根本不懂谈判？

记得有一次，我举办了一场谈判培训课，有 50 名律师参加，他们负责的领域是医疗事故诉讼。在我的印象当中，虽然律师的主要工作就是谈判，但几乎没有一位律师喜欢参加谈判培训课程，这 50 名律师也不例外。

他们所在的事务所明确地告诉这些律师，希望他们能够参加这次培训，并且告诉他们，如果不参加培训，他们将很难再接到案子。律师们只好让步，可在内心深处，他们并不喜欢把星期六浪费在培训上。可一旦培训开始，他们就立刻变得兴趣十足，十分投入。我让他们假设，一位修女因为一起医疗事故把一名外科医生告上法庭，然后让大家就这起案子展开讨论。我简直不敢相信接下来发生的事情：这些律师们个个咄咄逼人，他们一开始就威胁对方，然后步步升级，最后甚至破口大骂，以至于我不得不终止这项练习，并告诉他们，如果真想以较低的成本结束这起案子(但我怀疑他们并不想这样做)，他们在谈判的开始阶段就不应该如此咄咄逼人。

在谈判刚开始时，说话一定要十分小心。即使你完全不同意对方的说法，也千万不要立刻反驳。反驳在通常的情况下只会强化对方的立场。所以你最好先表示同意，然后再慢慢地使用“感知，感受，发现”(Feel, Felt, Found) 的方式来表达自己的意见。

刚开始时，你不妨告诉对方：“我完全理解你的感受。很多人都有和你相同的感觉。(这样你就可以成功地淡化对方的竞争心态。你完全同意对方的观点，并不是要进行反驳。) 但你知道吗？在仔细研究这个问题之后，我们发现……”下面让我举几个具体的例子。

比如说你在推销某种产品，客户说：“你的价格太高了。”这时如果你和对方进行争辩，他就会拿出个人的亲身经历证明你是错的，他是对的。可如果你告诉对方：“我完全理解你的感受。很多人在第一次听到这个价格时也是这么想的。可仔细分析一下我们的产品和价格，他们总是会发现，就当前的市场情况来说，我们的性价比是最为合理的。”

再比如你在申请一份工作，对方的人力资源主管告诉你：“我感觉你在这个行业并没有太多经验。”如果你反驳说：“我以前做过比这个更有挑战性的工作。”对方很可能会把你的话理解成“我是对的，你是错的”。这时对方就会被迫地捍卫自己的立场。所以你不妨告诉对方：“我完全理解你的意思。还有许多人也都是这么说的。可我一直以来做的工作和现在贵公司空缺职位之间有很多共同之处，这些共同之处可能并不是那么明显，所以我可以向你详细解释一下。”

或者你是一名推销员，买家告诉你：“我听说你们的物流部门出了点问题。”这时如果你立刻反驳，反而会让对方怀疑你的客观性。所以你不妨告诉对方：“是的，我也听说这件事情了。我想这个谣言几年前就已经开始流传了，当时我们公司的仓库正在迁址，所以的确出了一些问题，但现在就连通用汽车和通用电气这样的大公司也开始与我们合作了，所以我们并没有什么问题。”

对方还可能会说：“我不相信那些近海国家的供应商，所以我想我们还是应该把这个工作机会留给本地人。”你越是争辩，对方就越会拼命捍卫自己的立场。所以你不妨告诉对方：“我完全理解你的顾虑，因为最近一段时间很多人都有同感。但你知道我们发现了什么吗？自从第一次在泰国完成组装之后，我们在美国本土的工作机会增加了 42%，因为……”所以千万不要一开始就直接反驳对方，那样只会导致双方的对抗，一定要先表示同意，然后再想方设法扭转对方的看法。

丘吉尔：先同意，再反驳

还记得温斯顿·丘吉尔，那个来自我故乡的老头子吗？他是一个非常了不起的家伙，但同时也有一个很大的毛病—他喜欢喝酒。所以他总是和提倡禁酒的阿斯托夫人斗嘴。一天，阿斯托夫人走上前来，说道：“温斯顿，你又喝醉了，真让人讨厌。”丘吉尔是一名谈判高手，他知道自己不应该立刻就反驳阿斯托夫人，于是他说：“阿斯托夫人，你说得一点也没错，我的确喝醉了。但到了早上，我就会醒过来，而你却一直会让人讨厌下去。”

在举行讲座时，我有时会让坐在前排的某位学员站起来。我伸出自己的手掌，面向那位学员，让他与我四掌相对。然后我会开始慢慢加大力量。对方自然而然地就会同时加大反抗的力量。当你向一个人发起攻击时，对方自然也会发起反击。同样，当你直接反驳你的谈判对手时，对方自然就会奋起捍卫自己的立场。

“感知，感受，发现”的美妙之处在于，它可以让你有更多时间用来思考。假设你正坐在一个酒吧里，一位女士告诉你：“即使这个世界上只有你一个男人，我也不会让你请我喝一杯酒。”以前从来没有人对你说过这样的话，所以你感到十分震惊，你不知道该怎么回答。但如果你已经掌握了“感知，感受，发现”的方法，你就可以告诉对方：“我知道你在想什么，许多人也都有同样的感受，可我发现……”到了这个时候，你通常就会想出该说些什么了。

同样，有时候你也会遇到一些非常倒霉的情况。比如说你是一名推销员，你拨通了一位客户的电话，希望能和对方约个时间好好谈一谈，可对方却说：“我才不想和一个满嘴谎话的混蛋推销员浪费时间呢！”这时你可以平静地告诉对方：“我非常清楚你的想法。许多人也都有着和你一样的想法。可……”这时你会发现自己已经恢复了镇定，也知道接下来该怎么做了。

有效化解对方的愤怒

无论是在应对一位愤怒的丈夫或妻子，一名威胁要辞职的员工，还是一位威胁要取消订单的客户，我们都可以从这些人质谈判专家的身上学到很多解决办法，并把它应用到我们的日常工作当中来。下面我将告诉读者应当如何将谈判专家的技巧应用到日常工作当中，具体来说：

要学会控制现场，防止情况进一步恶化。打个比方，当你的妻子威胁说要离家出走时，你可以在她走出门时夺下她的皮箱。也可能是从一位愤怒的年轻人手里夺走汽车钥匙，或者是说服一位愤怒的客户同意举行进一步会谈或者是举行一次电话会议。

让谈判对象的情绪得到发泄。正像人质谈判专家所说的那样，一定要学会从对方的角度看问题。你不一定要告诉对方你已经听到了他们的要求，但你必须意识到对方的要求。

当对方生气时，一定要搞清原因。通常情况下，一个人之所以生气，是因为他们受到了伤害。那么到底是什么让这个人感觉自己受到了伤害或威胁呢？一般来说，承认对方受到的伤害将会在很大程度上减轻对方的愤怒情绪。

一定要尽快向对方表明自己的立场。一旦对方提出具体的要求，即便你并没有准备做出任何让步，也一定要立即满足对方的部分要求。打个比方，你的员工可能会告诉你，他要辞职……除非你能给他增加工资。按照公司的规定，遇到这种情况时，你通常会坚决拒绝。但即便如此，你还是应该问对方 ：“你到底想让我给你增加多少薪水呢？”在大多数情况下，一旦能够量化问题，你所面临的问题基本上也就解决了一大半。

尽量搜集尽可能多的信息。想象你就是一位首席谈判专家，你正在通过自己的信息专家采访所有认识嫌疑犯的人。一定要尽可能多地获取关于嫌疑犯的信息。你对嫌疑犯了解得越多，最终解决问题的可能性就越大。在搜集信息的过程中，你可能会发现许多新的问题。比如说那位威胁要辞职的员工可能并不是为了钱，他之所以感到愤怒，可能是因为他的对头在他之前得到了提升 ；也可能是因为他听到了一个不实的谣言。

尽力让对方改变自己最初的立场。提醒对方把注意力集中到双方的共同利益上。比如说，那位员工可能也想继续留在公司，或者你和那位愤怒的客户都希望能够继续你们之间的关系。问题在于，一旦过于强调分歧，你就很容易忽视你们之间的共同利益。在这方面，一个最经典的例子就是冷战。

当时美苏双方的立场都非常坚定。美国人称前苏联为邪恶帝国。前苏联人在联合国开会时，常常把脚跷到桌子上，咆哮着要活埋美国人。那时候双方的立场都十分强硬。可即便如此，双方也有着巨大的共同利益。双方都希望能削减军费开支。美国仍希望能够进行商务往来。前苏联有很多钛，美国需要钛来修建我们的高尔夫俱乐部！可如果双方只是一味地关注彼此之间的分歧，美国就无法看到这些共同的利益。

只有当双方都表明自己的意图，你已经搜集到足够的信息，并开始努力寻求双方的共同利益时，你才有可能真正解决问题。也只有到了这个时候，谈判专家的作用才能真正发挥出来。我称其为“问题解决高手的信条”。在进行谈判时，谈判者最重要的想法往往不是“我能让对方给我什么”，而是“我怎样才能提供给他们一些既不会改变我的立场，又能对他们有价值的东西？”

7 大妙招轻松化解现金流危机

本节关键要点

- ◎ 一定要按时发放工资。假如做不到，那就关门歇业，无论你认为员工有多忠诚。
- ◎ 让员工主动接受被解雇的决定。说明情况，让员工意识到自己将被解雇。
- ◎ 假如你是多元化经营，最好回归到主营业务上来。
- ◎ 控制开支。让员工明白开支超过 20 美元，必须经过你的许可。
- ◎ 以身作则，节省开支。一切从简，让员工看到你对他们的痛苦感同身受，正在严格控制开支。
- ◎ 保持愉悦、镇定和信心。不要让员工从你的眼中看到恐惧。
- ◎ 面对债务，主动强势面对。对账单进行排序，第一类为必须支付、否则就得关张大吉的账单；第二类为至关重要、但可协商的账单；第三类为必须支付、但不是发生现金流危机时支付的账单。
- ◎ 延迟支付股东和投资人红利。
- ◎ 预先安排信用额度。先向投资者寻求帮助，再找银行洽谈，但千万不要签署个人担保。
- ◎ 制定财务计划，避免重陷现金流危机。如果你不愿意做这项工作，就找一个细心的人帮你完成。
- ◎ 利用小部分盈利投资。

现在我们谈谈钱的问题。对于企业的正常运转和成功来说，充足的现金流至关重要。每位商业人士都知道，资产和现金流有着巨大的差异，他们对此都深有体会。你可能拥有规模庞大的资产，甚至可能拥有数亿美元资产的大企业，但是照样会因为现金流枯竭而关门大吉。

不必为没有足够的现金支付开销而感到惭愧，因为即便是最成功的人士也可能会遇到这样的问题，就连通用汽车这样的大公司都会遇到不止一次的现金流问题，那你也可能会遇到。

以下是应对现金短缺问题的方法，概括起来就是开源、节流和投资。其实这同样适用于解决个人财务问题。

削减工资开销，但一定要准时发放

当现金短缺时，你的首要问题就是员工工资。生意场上，如果你有一次没有按时发放工资，那么你就有可能关门歇业。假如星期五的发薪日你没有发放工资，你就等着下周一关门大吉吧。不要天真地以为："我的员工都非常拥戴我，他们会理解我的。"不，他们不会。

准时发放工资是你的第一要务。你必须根据真实的而不是预期的盈余数字，备足 3 个月的现金，以确保工资发放无虞。假如你没有足够的收入发放工资，那么你就得及时削减工资支出。虽然不愿意这样，但为了生存，你只能如此。

想想在你的员工中，有没有你希望自动请辞的人。也许他们已经追随你多年，你们已经建立了深厚的感情，但技术的迅速发展已经使他们变得多余。假如你觉得辞退某位员工可以让你的公司变得更加轻松和更具活力的话，那么你应该立刻采取行动。打发他们走！

假如你不喜欢冲突，你可能会觉得与其辞退某些员工，不如缩减他们的工资。当然如果你手里还有订单，需要他们再工作一两个月的时间，那么这也可以作为权宜之计，但很可能会招致其他员工的不满。

最好的方法还是让这些人离开，让他们领取临时失业补偿金。等到公司的经营有所改善时，再把他们请回来。如果你削减每位员工的工资，那么你就是将现金流问题转嫁到你的员工身上，这往往会引起全体员工的不满，从而加剧公司的动荡。

以下是给你的建议：仔细衡量你规避冲突的态度到底有多坚决。有些人天生好斗，对于他们来说，一个情趣盎然的夜晚就是去酒吧和某人打上一架。如果他们正在军队中服役，那么他们最喜欢的事情就是到战火纷飞的前线去拼杀，你和我可能都不是这样的人。如果你是讨厌冲突的人，你会于心不忍，可能不会采取上述强硬无情的冷酷手段。

辞退了这些人之后，接下来就该考虑那些表现不佳的人了。有没有难以完成销售任务的业务员？或许此刻是他们应该走人而你需要重新划分营销范围的时候。

削减工资支出的关键问题是让平庸的员工走人，让优秀的员工留下。如果控制不好，你就会发现离开你的都是最优秀的员工，因为对于这些能力超群的人来说，重新找份工作简直易如反掌。

解雇员工的决定要果敢而又坚决

在经商生涯中，我辞退过几十个人。我并不愿意这样做，但还是从中得到了一些经验，让员工在被辞退时感到不那么痛苦。我的做法是：将他们请进办公室，和他们谈公司当下的困境，直到他们意识到即将被解雇为止。如此一来，他们的精力自然会转到如何用最小的痛苦来接受你的决定上来。

如果你因业绩不佳而解雇员工，你可以这样说："乔，6 个月前，你刚加入这个团队时，我们都对你抱有很高的期望。我们为你设定了具有挑战性的销售目标，因为我们对你完成这些目标充满信心，但结果并非如此。直到上个月末，你仍然有 28% 的销售任务没有完成。这一点，我们真的无法接受。"这时，乔自然就会明白他要被炒鱿鱼了，便会想方设法主动体面地离开。

假如你因经济萧条而解雇员工，你可以这样说："你肯定知道我们的经营一直不尽如人意。今年业务下降 38%，已经到了不得不大幅裁员的地步。虽然我们不希望任何人离开却不得不采取行动，否则公司就只能关门大吉。"

你的声音一定要果断而又坚决，因为你是在宣布你的决定，不是谈话，更不是争论。

砍掉副业，回归主营业务

之前，你的业务经营非常成功，而如今却遭受现金不足的困扰，那么我敢肯定你的问题所在：你偏离了主营业务。

我有位朋友，曾经在一家全国性咨询公司担任业务顾问。他的工作就是进入各种公司或企业，调查他们存在的业务问题。他曾告诉我说："罗杰，其实每次我到达委托公司或企业的第一天就知道他们的问题所在了，但不能立刻告诉他们，因为我必须让他们觉得我们收取的巨额咨询费是物有所值的。因此我通常在几个星期后再告诉他们。"

"如果一家公司有能力支付我们的咨询费用，那就意味着他们曾经非常成功。只是现在，他们偏离了主营业务而已。或许他们发展愿望过于急切，无所不用其极；或许他们觉得乏味，渴望迎接新的挑战；又或许他们产生出一种救世主情结，确信自己非常完美，无论尝试什么都不会失败。对此，我的建议始终如一：砍掉副业，回归主营业务。"

这个建议适用于你的公司吗？你是否扩大了产品种类或者服务规模，结果不得不拿主营业务的收入来填补副营业务的亏损呢？

控制日常支出

下一步就是控制开支。你必须延缓资本支出，比如不再添置新设备，削减不必要的出差或采购。当然你要以身作则且亲自把握，让所有员工知道超过 20 美元的开支都必须经过你事先批准。

但是要把握分寸，不要锱铢必较到让员工难受得想死。工作运转是需要一定经费维持的，比如说笔、纸、电话费等支出。你需要把控的是较大项目，比如旅行、长途电话以及设备购置等，但不要妨碍员工的日常工作。

让员工看到你也在节省开支，如不再请客户到高档餐馆用餐。如果原来员工会议都是在酒店召开，那么现在就改在办公室里进行，然后叫些三明治或比萨之类的外卖作为工作餐。员工看到你非常节俭，他们也会控制开支。

主动强势应对债务

接下来，你必须审查所有账单，并对它们进行排序：

> 第一类是紧急性支出。必须即刻支付关系到公司生死攸关的费用。这些账单包括水、电、电话费以及网络费用等。
>
> 第二类是关键性支出，如租金。尽量主动联系出租方，利用谈判技巧让他们让步。在遭遇现金流危机时，你可能会认为事情没有商量余地，如租金。别这样想！任何事情都可以商量。
>
> 第三类是延期性支出，如厂商费、印刷费以及广告费等。

超过预定支付期限30天时，主动联系第二和第三类债主，向他们解释因为某些大客户诚信问题，使你的现金周转出现了困难。值得注意的是，一定要在他们打电话抱怨之前主动和他们联系，即便已经迟了还是要硬着头皮跟他们解释。

但你的立场一定要坚定，掌控形势。就算房东火冒三丈，也不要付款给他；即便有些小额账单你支付得起也别急于结算。只有延期支付这些账单，你才能积累一笔周转资金。千万不要同意任何提前支付和增加利息的要求。假如卖家提出罚金要求，那你就很强势地告诉他，这样做只会让你陷入更大的麻烦，因此你无法同意。

对于某些债权人，你还得语气强硬地告诉他们："如果你愿意，可以去起诉，但是你得花上两年时间才能等到案子开庭。此外，这样做只会逼得我宣告破产，而宣告破产的公司只有10%能够起死回生，到时你可能一分钱也拿不到。如果你肯合作，就一定会拿到结款。”另外，千万不要和那些大债权人签署个人贷款保证书来应付延迟还款期限。

此外，你还可以延迟支付股东和投资人红利。没有盈利就没有分红。当然你可以正常拿薪水或者报销差旅费，但是不能领取红利。你必须杜绝这一现金流失现象的发生，其他股东和投资人也应如此。

你还可以预订信用额度，但不要签署个人保证。假如你有财政支持，那现在就去找他们：向他们说明你遇到的问题，详细阐述你为解决问题将要采取的行动；告诉他们你并不希望动用这笔钱，只是想知道必要时是否可以获得这笔资金。努力从银行获得必要时可以动用的信用额度，但是不要签署个人保证。

另外，即便面对最亲密的员工，也不要坦露你的焦虑。要让他们知道你清楚问题所在，并且知道如何应对，让他们知道你正在采取应对措施，一切都会好起来的。切记，焦虑解决不了任何问题，应该把注意力集中在解决问题的方法而不是问题上。

制定财务计划，避免重蹈覆辙

从现金流危机中脱身之后，你还必须采取措施避免重蹈覆辙。危机之后，绝大多数人都会变得谨小慎微，不惜一切代价避免问题再次出现。但是，我们还是来谈谈从现金流问题脱困出来后该怎么做吧。

你必须制定一份详细的公司和个人财务计划。不要心存侥幸地认为：“过去，我总能成功脱身。相信再遇到这样的问题，我依然可以熬过来。”你可能不是特别喜欢制定详细的财政计划，这可能不是你的做事风格，也许你是一个喜欢冒险的人，而你的成功大多也是因为你喜欢冒险而其他人却没这个勇气。别再提这些了，你必须要制定一份详尽的个人财务计划。

如果你实在不愿意做这件事，那就找个人帮你做。你真的需要一个在你即将出现现金流危机时对你提出警告的人。

利用小部分盈利投资

虽然是老生常谈，但作为个人你还是必须存钱，以备不时之需。这条建议同样适用于公司。拿出一小部分盈利投资，就不会遭遇现金流危机。

从储存零花钱开始积聚财富

年轻时，有一次我必须花 20 美元修车。对于当时刚刚参加工作的我来说，20 美元可是笔大钱，那一天让我终生难忘。所以当你的钱包里有一张百元大钞时，你的生活就会轻松很多。

现在，开始存钱吧！我刚工作时，每星期的薪水是 93 美元。我从中拿出 18.75 美元用于购买美国储蓄基金。到期之后，18.75 美元就升值到 25 美元。一星期 93 美元，你需要极强的自制力和全身心的投入，外加一颗渴望美好生活的心，来抗拒各种觊觎你那份存款的诱惑。正是这微不足道的积蓄让我工作后的第二年就买下了我的第一套房子，第三年又买了第二套。

和我合编房地产投资系列图书《周末百万富翁》（*Weekend Millionaire*）的迈克·萨米也是从储存零花钱开始积聚财富的。他的壁橱里放着一个旧塑料水瓶，他每天都把零钱存进去。

假如你认为这些都是基本常识，那么就请告诉那些尚未意识到这点的年轻人。如果他们不花光信用卡额度，等到有了现金再买东西的话，那么总有一天他们会成为百万富翁。

CHAPTER

第 2 章

在正确的时间解决正确的问题

QUESTIONS TO ASK BEFORE YOU SOLVE A PROBLEM

奥巴马日夜操劳，却屡屡被指责不关心国内的经济问题，他该如何应对?

合同违约率高达 20%，公司每年为此蒙受超过 1 亿美元的损失，怎样大幅提高合同履行率?

巨额贷款利息明天到期，银行却拒绝延期，时间紧迫，你如何解决? 准确判断问题，掌握解决问题的速度。

Secrets of Power Problem Solving

公司给你安排了一个职位，是为了解决问题。
你只需告诉我打算如何解决，怎么去解决。

杰克·韦尔奇

果断的商业人士经常会犯匆忙下结论的错误。他们可能想："老板聘用我，就是让我来解决问题的。"

在提出某种解决方法之前，如果认真全面地了解问题，那么你很可能会找到一个更好、更有效的解决方法。

在这一章中，我们将讨论如何界定问题的难度，这一点至关重要。如果能够准确地判断问题，那么问题就解决了一大半。

选定解决方法的速度也至关重要：既不过快，也不能过慢。下面我将教你如何分析问题以及怎么判断其紧急程度。

确定解决方法时自然要全力以赴。马术比赛中有句名言："如果马死了，赶快下马！"如果解决问题的过程出现了错误，你也要及时发觉。

此外，我们还会讨论为什么极具吸引力的方法却难以奏效。

找到问题的关键

本节关键要点

◎ 只有置身问题之中或实地考察，才能发现问题所在。

◎ 重新审视司空见惯的事，可以帮助你找到症结所在。

◎ 无论何时何地，都要牢牢抓住解决问题的核心和目的，才能不偏离正确的轨道。

◎ 问对问题，分清问题的本质。

现在，你已经知道问题只有两种类型，但究竟问题之“眼”，即问题的关键在哪里呢？这就需要你准确把握了。以下几点，可以帮助你准确把握问题所在：

实地考察，才能发现问题

几乎所有印度领导人都将国家工业化看作解决经济问题的有效对策，但甘地却通过频繁接触农村的老百姓，准确地意识到提高粮食产量，实现自给自足才是根本之道。

美国总统贝拉克·奥巴马经常被指责耗费太多时间关注国际事务，而不是国内经济问题。

作为20世纪最成功的商业人士之一，美国西方石油公司的董事长阿曼德·哈默（Armand Hammer）将成功秘诀归结为四处旅行。他的专机随时待命，载他去世界各地进行各种考察。

距离太远是许多劳资问题的核心。生产线上的员工抱怨，但总部领导怎么也想不通他们到底在抗争什么。“他们为什么不来这里亲眼看看呢？”流水线上的工人这样抱怨，“管理层根本不知道这里的状况”。

只有接近问题，才能够了解事情的真相。不要等到你最优秀的员工提出辞职了，才知道他对公司经营理念大为不满。

重新审视那些熟视无睹的事

请试着做做这个练习：不看手表，你能详细描述你的手表是什么样子的吗？我们每天都会看上几十次手表，但是实际上从未仔细看清楚过。

这就是为什么一个与酒鬼结婚多年的人，却没有意识到自己的爱人有问题，直到朋友向他指明之后，他才惊讶地发现自己居然是最后的知晓者。因为太熟悉这个问题，所以他未能及时发现。

通常，在某方面需要特殊关照孩子的母亲总是需要别人来提醒她某件事情做得不对。因为与孩子关系太过亲近，所以母亲未能看出问题。

对于如何处理本行业的问题，企业领导人经常滥加假设。我曾经在一家大型房地产公司担任总裁。同事们告诉我做这一行业合同违约率高达20%，也就意味着只有 80% 的合同会如约履行。损失的 20%，或者因为买方资金不足，或者因为卖方也违约了，或者产权地段出了问题等，这就意味着公司每年将会因此遭受超过 1 亿美元的损失。对于我这样一个外行人来说，越简单的生意可能也是最有可能遭受损失的生意，怎样才能减少损失呢？“你在浪费时间，罗杰。”有人告诫我，“做这一行就是这样，你无法改变。”事实上，我们仍大有可为。通过向员工传授谈判技巧，可以使公司的损失大幅减少。

牢牢抓住解决问题的初衷

先来看看你能否解决以下这个问题：

画一条穿过纽约、达拉斯和旧金山的直线。

一看到问题，你的脑海里就自动跳出一幅美国地图：纽约在东边，达拉斯在南边，旧金山则在遥远的西面。然后，你会不假思索地说："画一条穿过三者的直线，是不可能的事情。"但假若我为这个问题增设一个附加条件，那它就会迎刃而解。让我再重复一遍这个问题：我想让你画一条直线，按如下顺序穿过三座城市：首先是纽约，然后是旧金山，最后是达拉斯。如此一来，问题就变得十分简单，你也立刻意识到你所需做的只不过是绕着地球仪画一条直线而已。

在这个问题上，我再举一个旧金山湾区地铁的例子。规划人员的最初目的是解决旧金山湾区的交通问题。可在设计地铁的过程中，他们开始醉心于设计一条技术上臻于完美的地铁系统，以至于忘记了自己最初的目标。按照最初的规划，地铁的长度是 198 公里，需要投入 7.22 亿美元。可最终他们投入了 16 亿美元修建了一条长为 1.6 公里的地铁。运营成本是预期成本的 465 %，而且几乎没有人愿意搭乘这些技术完美得难以想象的地铁。

规划人员需要做的事情是解决公共交通问题，而不是创造工程奇迹。

分清问题的本质

"我应该和这个人结婚吗"和"我应该结婚吗"是两个不同的问题。这两个问题与"我应该和这个人共度一生并且养儿育女吗"更是截然不同。

美国攻打伊拉克，是因为美国认为国内存在石油供应不足的问题，而这个问题的根本解决之道就是确保中东石油的稳定供应。这是治标不治本的做法，因为国内石油问题根源其实是美国过度依赖国外石油。

在前面章节，我已经告诉大家如何准确定义问题，使自己对问题有一个清晰的认识。通常，问题解决高手都会同意詹姆斯·瑟伯的观点：**提出正确的问题胜过自认为知道所有正确的答案**。

不要迫于压力而匆忙行动

本节关键要点

- ◎ 切忌头脑发热，要确保足够的耐心，因为做出正确的选择需要时间。
- ◎ 考察一下现有方案的可能性，而不是费尽心机试图寻求一劳永逸的方法。
- ◎ 如果你当时被迫做出仓促的决定，那么当压力消失后务必重新审视问题，看看是否有更好的解决办法。
- ◎ 在时间压力下，最好延迟决定。这样做不一定正确，但在充足的时间下做决定一定正确。
- ◎ 生气、沮丧、感觉欠佳时，不作任何决定。不妨等上一两天，看看情况会不会有所不同。
- ◎ 假如你对某件事情感觉过好，那么请放慢解决问题的速度。

匆忙行事只会造成更糟糕的结果。如果你不想陷入这般窘境，那就必须遵守以下 3 条规则：

不要迫于时间压力，匆忙解决问题

正确的商业决定需要时间，迫于时间压力而匆忙解决问题会造成严重的后果，以如下假想的商务情景为例。

你是拥有 140 家体育用品连锁店的总经理，这些连锁店绝大多数分布在密西西比和美国东北部地区。尽管这个行业竞争激烈，但是你的企业经营正常。现在，你正在筹划扩大业务，生意兴隆、阳光灿烂、莺歌燕舞，你感觉棒极了。

但你的副经理突然对你说："我们的现金流量出了点问题。今天是 2 月 15 日，25 年来最糟糕的滑雪季节，雪那么少，简直就是一场灾难，何况滑雪场很少在圣诞节前开放。由于滑雪设备库存高达 1 000 万美元，所以我们无法偿还明天到期的 300 万美元的贷款利息，但银行又不答应延期。我们该怎么办呢？"于是，你之前的快感一下烟消云散。

其实，无法收场的大问题都是由小问题发展而来。你的滑雪板客户是个行业顶级高手，他在所有合同中都巧妙地插入了一项奸诈的条款，以便将来雪况不佳时，可以及时取消合同或者重新进行谈判。因为今年的雪量很小，他打算利用这项条款。

然而就在准备取消合同的前一天晚上，他却因为酒后驾车被逮捕，而且不幸患上流感。由于麻烦缠身，他错过了取消合同的最后期限。因为想掩盖酒驾被罚这一不光彩的事情，他没有告诉任何人。如今为时已晚，即便是清仓甩卖也难以筹足现金支付广告费用。

这时，总裁对财务总监说："我需要一点时间考虑考虑。"

但财务总监却回复他说："没有时间了！你现在必须做点什么！如果明天我们还不了 300 万美元贷款的话，银行就会告我们违约。财经报纸也会大肆渲染此事，我们的股价就会下跌一半。顺便提醒您一下，您个人的净市值也会因此损失超过 1 500 万美元。"这就是商学院不会教你的残酷现实：必须在时间压力下，押上所有筹码，做出决策。

但在时间压力之下，我们会犯如下的错误：

在投入不足的情况下，快速做出决定。

急急忙忙查看应收账户，看看哪些现金可以快速收缴。但是如此匆忙，以至于忘记核查部分应付账户。

等到核查完应付账户之后，发现原来还有300万的滑雪设备尚未付款。接收方已经开具支票，并且记在账簿上，只是尚未寄出。

这是解决问题时必须掌握的信息，接下来我会告诉你为什么。

分析问题不够全面、透彻。

你可能想当然地认为，2月15日滑雪设备存货应该分散在位于全国各地的商店里。假如多花点时间进行调查之后，会发现绝大部分货物都堆在奥克兰的仓库里。这条信息可以拓展选择，可以在新西兰的滑雪季节时将这些存货运往那里，或者在仓库直接进行清仓甩卖。如此一来，可以节省很多广告费用。

忽略重要信息。

忽略了去年春天策划的阿根廷滑雪旅行，也忘记了曾经增加了5 000名滑雪爱好者的资料。如果没有忽略这一重要信息，那么只需48小时，就可以给他们每人发一份通知。

削减潜在的备选解决方案。

重新协商店面租金的支付方式是缓解现金流量危机的潜在选择。如果银行发现我们这样做，也许会重新洽谈贷款。然而迫于时间压力，没有这样做，理由是：我们没有时间与140个房东一一商谈。

缩小寻求帮助的范围。

宇宙运动公司的查理曾经遇到过类似的问题，假如能和他通电话，将受益匪浅。但是，他此时正在伯利兹潜水，根本联系不上他，所以只好排除向他求助的这种可能性。但假如时间充裕一点，就可以去伯利兹找他，或者去他的公司，请教其他知道该如何解决问题的人。

忽略群体决策。

“没时间召集各部门的领导开会了”，你可能会这样想，“现在，我必须做出一个大胆的决定。”但是召集各地方部门经理开会进行商议，很可能会从中获得非常有价值的想法。

匆忙做出一个貌似正确的决定。

现在是晚上11点，每个人都忙得焦头烂额，办公室里成了复印资料和比萨盒的海洋。这时，执行副总裁说："我也不想这样做，但是我们不得不关掉几家连锁店。我们应该这样做，明天一早就召开新闻发布会，宣布将关闭 40 家几乎不盈利的连锁店。

听完，你质疑道："但那可是一场灾难，几乎一半的店铺经理会因为惊恐而辞职。要知道猎头公司可是一直在盯着他们呢。此外，这样还会毁掉我们与供应商好不容易建立起来的关系！"

"这么说，你宁愿申请破产了？那样也好，可以牵制一下债权人，给我们一些喘息的空间。"

"我永远也不会那样做，"你无奈地回答道，"我们还是召开记者会吧。但我们应该关掉哪些连锁店呢？"

由于这是你迫于时间压力做出的决定，所以它是一个糟糕的决定。假如时间充裕一点，你可能会做得更好。由于无钱支付给供应商，你可以先搜集好一些谈判筹码，与供应商进行沟通，并与他们达成如下协议：撤销 300 万美元的支票，延期至 9 月 1 日支付。然后，你可以在旧金山会展中心举办一场大规模的劳动节季前促销会。你还可以将商品运往你已经建立起来的各个销售网点，分散现有的库存压力。

因为这是一个假想的案例，所以我们不妨把它做得更完美一些。劳动节促销会大获成功，第二年你在全国各地的会展中心举办了多场促销活动。你邀请国内顶级滑雪运动员做节目主持人，并且在有线电视上开展活动宣传。如果真这么做，那么这将成为体育用品行业最成功的范例。

事情本该如此进展，但结果却并非如此。原因是你试图在时间的压力下解决问题，结果只能一切付诸东流。

考察一下现有方案的可能性，而不是费尽心机试图寻求一劳永逸的办法。

假如你当时被迫做出仓促的决定，那么当压力消失后，务必重新审视问题，看看是否有更好的解决方法。

当你被迫在时间压力下做决定，那么最好的方法便是延迟决定，直到你安心抉择为止。这样做不一定正确，但是在充足的时间下做决定一定正确。你应该将它归结成一条有效规则。

身心紧张时，切勿匆忙做出选择

我在付出惨重代价后，总结出一条经验：**生气、沮丧或感觉欠佳的时候，不作任何决定**。这条经验让我受益匪浅。

> 有一天，我火冒三丈开车去办公室，因为一位秘书居然第 10 次犯同样的错误，我打算直奔办公室，径直冲到她的面前，给她读公司员工手册，直到她提出辞职为止。
>
> 但这时，我突然想起那天自己感觉不舒服，也许是对什么东西不满，又也许是长途旅行归来身心疲惫。于是我冷静下来，说服自己："明天再说吧，也许感觉就不一样了。"直到现在，我从不为这种谨慎而感到后悔。

当你很生气、沮丧、感觉欠佳时，学会冷静。等上一两天，看看情况会不会有所不同。当你回头再看时，你会发现通常你的反应是："哇，我真的庆幸自己昨天没有作任何决定。"

过度兴奋时，放慢决策的速度

感觉太好同样有害。当我发现公司里有人做出不良选择时，大家通常都会说一句标准台词："哇，你做这个决定时，肯定感觉很好。"假如你对某件事情感觉过好，那么请放慢解决问题的速度，因为过度兴奋可能会蒙蔽你的双眼。假如好得失真，那么只能说它华而不实。

激情与兴奋应表现在决定之后，而不是之前。一旦做出决定，你的激情与兴奋很可能会助推原本糟糕的决定顺利执行。但是制定决策之前，激情与兴奋只会引发灾难。

是什么让你错过了最佳解决时机

本节关键要点

错过最佳解决时机的 6 大原因：

◎ 逃避现实，强化公司固有的惰性。我们有与生俱来的心理机制，即趋利避害。

◎ 安于现状，停止新产品的开发。你现在做得最好，未必将来还是最好，所以你要始终在竞争中领先一步。

◎ 过度依赖头脑风暴。积极参与固然重要，但是耽误了决策的制定就应另当别论。设定一个最后期限，当时限临近，选择一个可能是最佳的解决方案。

◎ 受到信息噪声的干扰。信息搜集过多。不要让信息把你淹没！

◎ 妄想预测未来，却不着眼当下。

◎ 惧怕失败。消除失败恐惧症的最好方法就是作最坏的打算。

与仓促行事一样，优柔寡断也是其害无穷。有时我们之所以会错过解决问题的最佳时机，原因无外乎以下 6 种 ：

逃避现实，强化公司固有的惰性

我赞同心理学家这一说法 ：人人都有自卫式逃避问题的天性。通俗说，就是人人都有趋利避害的天性。就解决问题而言，这一天性容易造就 3 种态度，延缓决策过程 ：

这件事不可能发生在我身上。没错，虽然本区内已有 10 家餐馆倒闭了，但是我的做法与他们不一样，这种事情不会发生在我身上。

回头再处理。没有意识到正面临一个亟待解决的问题，反而安慰自己："我还有很多其他事情要做，这件事情可以缓一缓。"在推迟解决眼前问题的过程中，却不认为这是在拖延，而是因为其他事情可能更加紧急或是有趣。

让别人去烦心吧。如果你是公司总经理，那么这种态度极为有害，你必须断然拒绝。因为这样的态度其实意味着将生意拒之门外。除非你积极采取行动，否则公司固有的惰性就会大行其道。

安于现状，停止新产品的开发

优柔寡断的第二个原因是安于现状。"不坏不修"的态度可能会毁了你。在如今这个快节奏的商业环境中，你必须时刻警惕任何可能的"下滑"。

换种说法，任何产品不可能总是热卖，所以应该不断完善它，争取下次卖得更好。

吉列斥巨资研发"感应"剃须刀

1990 年，吉列业绩辉煌，他们主导着一次性剃须刀和"锋隐"剃须刀市场。即便如此，他们还是投入 2 亿美元研发"感应"剃须刀，并另外投入 1.75 亿美元进行促销宣传。这样的投入远远超过他们前一年的利润收入。他们有 1 000 个理由可以说："我们不需要修理，因为它还没有坏。"但是，他们知道在如今的商业环境中好运气是有时日的。千万不能满足现状，一定要不断进取。

过度依赖头脑风暴

优柔寡断的第三个原因是渴望更多的人参与到解决问题的过程中来。但是决不能因此耽误了决策的制定。

如果一定要达成某项决定，那就不妨设定一个期限。虽然人足够多，但是如果因此而耽搁了决策进程，那就没必要这样做。除非有什么重大事情发生让你不得不改变期限，否则坚决按计划执行。假如意见还是无法统一，那就让直接负责这个问题的经理来做决定。在本书第 7 章，我将说明何时以及是否应该为解决某个问题而开展头脑风暴。

受到信息噪声的干扰

当今世界，过多的信息的确是一种威胁。我们接触到海量的信息，却因此变得越发无所适从。这些信息成了禁锢我们直觉思考的噪声。

当你在互联网搜索一个问题时，居然得到 975 000 个答案，这就说明你的搜索范围过于宽泛。而你，将会因此淹没在海量信息中。

存储信息，一定要谨慎。文件打印好，准备归档时，应该问自己 ：“我需要硬盘备存一份吗 ?”或者“需要再用时，我能够在电脑上找到它吗？”

五角大楼一直梦想着将所有的记录数字化处理，就像医院多年前就已经将病历数字化一样。但他们的梦想一直难以实现，因为需要处理的信息过于庞大，以至于他们无从下手。就连美国的国防部部长都说 ：“试图从五角大楼获得信息，好比从消防水龙头里喝水。”

妄想预测未来，却不着眼当下

决策缓慢的第五个原因是你总是把大量时间用于预测未来。事实上，就连经济学家都无法预测未来。就算你把世界上所有的经济学家都聚在一起，他们也无法告诉你未来究竟会发生什么。

为何事实总与专家的预测相反?

在新奥尔良参加一场宴会时，我旁边坐的是一位著名的经济学家，他后来成了联邦储备委员会的主席。这可是一个难得的机会，于是我立刻请教他为什么我在里根执政时期损失了200万美元。

我问这位专家："到底发生了什么事?里根总统提出了一个肯定会导致通货膨胀的方案，您甚至警告我们要留意即将到来的通货膨胀，可结果却跟您预测的截然相反?"

他开始了长篇大论的解释。按照我的理解，他的大意是说，里根上任后不久，面对海外的激烈竞争，美国公司开始变得更有竞争力，从而有效地避免了通货膨胀。就在他解释了差不多10分钟时，我突然意识到，这个人所掌握的经济学知识并不比一般的美国人多，而且他对于未来也是一知半解。

经济学家之所以无法预测未来，是因为他们不愿相信人不仅消息灵通，而且十分理智、总是趋利避害这一观点。其他行业都基于这种假设运作，但是经济学家却拒绝以此为出发点。

预测与你的事业究竟有什么关系呢?与浪费时间、试图预测可能发生的事情相比，更好的做法是着眼当下，积极应对。

惧怕失败

请随时提醒自己：如果害怕失败，就不可能获得成功。

据我所知，消除"失败恐惧症"的最好方法就是作最坏的打算。假如你已经做出了一个错误的决定，那最坏的结果会是什么呢?可能结果并没有你想象的那么糟糕。记住：唯一有资格告诉你某个决定行不通的人，就是那个曾经尝试过并且发现它行不通的人!

在你周围，数以百万计的人会告诉你这个行不通，那个行不通。但是当你对他们的专业背景进行核实后，你会发现其实他们也是门外汉。他们未曾亲自尝试，却告诉你行不通！我的原则是：没有人有资格告诉我不该做某件事情，除非他们尝试过并且遭受失败。

所以，如果你想加快决策和解决问题的速度，一定不要惧怕失败。

利用竞争对手推动决策速度

本节关键要点

- ◎ 快速解决问题的一个好方法是获得竞争对手的相关信息。
- ◎ 经常提问，即使得不到答复，你也能够获取一些信息。
- ◎ 和竞争对手交谈时，时刻谨记有付出才有回报。因此你不仅要做好交换信息的准备，而且有时还要主动提供信息，从而迫使对方给予回馈。
- ◎ 当紧急情况发生时，你没有也无需花太多时间来寻找一个完美的解决方案。
- ◎ 快速决定固然重要，但更重要的是决定后能够全力以赴付诸行动。
- ◎ 如果做出的决定可以逆转，那就立即决定如何做。
- ◎ 如果一个决定风险小，收益大，那就赶快行动。

何时开始解决问题？有时，制定决策的强烈愿望会让你放弃所有解决问题时必须遵循的原则。如果情况如此，那你必须充分利用当时搜集的最佳信息。但知道何时必须快速做出决定，而不是将时间花在制定一个更加完美的计划上，的确是一门艺术。关于这一点，有 4 个关键因素需要考虑：

获取竞争对手的相关信息

生意场上，知己知彼至关重要，直接决定着你该多快采取行动。如果你独享一项基因工程药物的专利，那么你可能有数月甚至数年的时间来解决问题，有充分的时间为即将采取的行动做准备。但在 IT 行业，往往几天时间内就必须做决定。

在计算机行业，你可能只有几个小时的时间做决定。辛特尔公司是第一家制造 256K 电脑芯片的公司。早在其他公司还在销售 16 K 芯片，并且坚信下一代产品只能是 64K 芯片时，辛特尔公司就已经在销售 256K 芯片了。它只比竞争对手快了 1 个星期，但这 1 个星期却给这家公司带来了 1.3 亿美元的利润。

因此，了解对手是关键。但是如何获取对手的相关信息呢？最重要的是，不要害怕询问。除非触犯行业规则，否则不妨拿起电话直接询问。现在，他们可能不回答你，但是一个精明的提问者知道，提问还有其他目的，并非只是希望得到对方的答复。因为，通过研究人们对问题的反应，你可以了解到许多信息。在生活中，你可以看到明知对方不会回复，记者总还是喜欢三番五次问。其实他们的目的只是看看对方如何拒绝回答，对提问有何反应。经常提问，即使得不到答复，你也能够获取一些信息。

开口提问，了解竞争对手的信息

我曾经受邀在一家大型包装公司举办的年会晚宴上作演讲。晚宴时，我被安排坐在公司总经理与他们最大的客户 —— 一家《财富》100 强之一企业的副总中间。期间，我问坐在我左边的公司总经理：“你们公司的生意占他们公司业务多少份额？”

总经理回答说：“我们也不知道，我们只知道不想把所有的包装生意全部交给一家公司。”

几分钟后，我又问右边的那位副总：“你给了这家公司几成包装业务？”令我惊讶的是，他回答说：“27.8%。”

于是，我说：“我喜欢你们的分散业务。”

他回答道：“不过，我们最近进行了调整。如果现在有哪位供应商愿意合作，我们将把所有的业务都交给他们。”

这是坐在我左侧的总经理渴望获得且可能获知的信息。因为他认定那位副总不会透露所以就没有问。这个故事告诉我们，即使你确信对方不会回答，也一定要开口提问。

和竞争对手交谈时，时刻谨记有付出才有回报。因此你不仅要做好交换信息的准备，而且有时还要主动提供信息，从而迫使对方给予回馈。

“但这又有什么意义呢？”你反驳道：“我压根不想为对手提供任何信息。”好吧，我理解你为什么会这样想。但是你也可以精明点，不要亲自去电或者亲自面见对手，而是派遣并不了解你底细的人去。如此一来，当对方问及你不想告知的信息时，你派去的人就可以诚实地回答说：“对不起，我真的不知道。假如我知道，肯定会告诉你，但是我真的不知道。”这样，你便可以只交换愿意交换的信息了。

了解竞争对手在做什么，是指引你何时解决问题的第一因素。

精准掌控决策的生命周期

如果等太久，你可能会发现：虽然最终决定很好，但为时已晚。假如决策的生命周期很短，那你就必须尽快决策。全国各地的商务人士都这样告诉我：在当今这个经济飞速发展的时代，需要以更快的速度制定决策，因为决策的生命周期越来越短了。让我们以闻名遐迩的美国航空公司飞行员萨利·萨伦伯格 (Sully Sullenberger) 为例，来谈谈这个问题。

一个快速决定，挽救 155 名乘客生命

萨利驾机从纽约拉瓜迪机场飞往北卡罗来纳的夏洛特。刚起飞不久，他就遇上了一群大雁，致使两台发动机同时损坏。这种事情极少发生，萨利立刻面临一堆需要解决的紧急问题，但思考的时间却只有几秒钟。他和空管商议是否可以在拉瓜迪或者新泽西泰特波

罗机场着陆，这可能是历史上时间最短的头脑风暴。但他很快做出唯一可行的决定：迫降在哈德逊河上。这不是一个完美的选择，因为那天是 1 月 15 日，哈德逊的河水冰冷刺骨。

他快速地解决问题，挽救了飞机上 155 名乘客的生命。在这种情形下没有哪位飞行员会比他做得更好。这位为美国航空公司飞行了 29 年的萨利，之前是一名美国空军飞行员，驾驶的飞机机型是 F4s。后来他还成立一家公司，专门帮助一些企业改善安全状况。

请注意他解决问题的方式。他有条不紊地排除了那些不可行的方案，将选择限定在可能奏效的方法上。他限定自己的选择，并非期望找到一个完美的解决方案。我不知道在他数十年的飞行生涯中有多少次想过："如果两个引擎都失灵了，我该怎么办？"

这是一次历史性的事件，恰好被世界上最具经验和智慧的问题解决高手遇到。当这种事情发生时，你没有也无需花太多时间来寻找一个完美的解决方案。

麦克·萨米是我的好朋友，我们共同写做出版了《周末百万富翁》。他拥有一架比奇涡轮螺旋桨飞机，根据他的飞行经验，他对萨利遭遇的这场事故提出了看法。他告诉我，快速做出选择是一回事，选择之后能否全力以赴付诸行动又是另一回事。萨利快速决定将飞机迫降哈德逊河上固然重要，但更重要的是决定后，他能够集中全力将飞机顺利降落在河面上。

假如他优柔寡断，那么可能就会错失迫降河面的时机。如此一来，任何高超的飞行技术都挽救不了这场灾难。

如果决策失误，能否轻松挽回损失

换句话说，假如你不小心把事情搞砸了，是否有轻松回旋的余地？假如某天，银行打电话给你："我简直不敢相信，我们为你找到这么好的房地产商机。我们刚刚撤销了一幢办公大楼的抵押赎回权，很适合做你们公司总部的办公大楼。假如明天中午之前你能决定要的话，我们可以以 50% 的市场价卖给你，并且提供 100% 的贷款支持。”

如果你是一个解决问题的高手，那么问题就不是“这幢大楼是否适合做我们的办公大楼”，而是“假如做了这个决定，其可逆性有多大”。如果你真的能以实际市场价的五成购买这幢大楼，同时获得他们为你提供 100% 的贷款支持，那你将毫无损失。因为如此一来，即便你不想搬入那幢楼办公，你也可以卖掉，或许还能大赚一笔。对我来说，即便是一笔数百万美元的投资项目，我也会在 5 分钟之内做出决定。当然，前提是你非常了解当前的房地产市场，同时你的决议能够获得公司的大力支持。

可逆性是我们应该知晓的概念。做任何事情之前，你都应该想想：“这样做是否具有可逆性？”用力关上大门或车门不是什么问题，因为钥匙就在你的口袋里。迅速将它们掏出来，你就可以逆转刚才的行为。但是如果你把唯一的钥匙落在了车里或家里，那麻烦可就大啦。

确定问题解决方案时，你应该先想想：“这种做法似乎很正确，但是假如错了，我能够轻而易举地挽回吗？”

错误决策的负面影响有多大

假如做了错误的决定，可能产生多大的负面影响？

冒险前，先评估一下负面影响有多大

我非常清晰地记得我和儿子在西班牙潘普洛纳街头做决定的情景。当时，儿子非常想参加奔牛节。他的座右铭是“与其无聊而死，不如被牛顶死”。我也很想参加奔牛节，因为这样可以为我的演讲积累一些素材。但是假如我不幸被公牛顶起，我那些演讲界的朋友们一定不会放过我。一位演说家居然被公牛抛上天，这就好比人咬狗一样，无疑是一条爆炸性新闻！

在权衡利弊后，我确定这种冒险毫无意义。正面影响太小，负面影响太大，我没有必要去制造一场灾难。离开西班牙后，我和儿子还要前往阿尔卑斯山准备攀登勃朗峰和马特洪峰。不过，只要脚踝扭伤一下，整个计划就得泡汤。我的儿子还只有21岁，退一万步讲，他还有好几十年的时间可以重攀这些山峰。但我已经50岁，能够用来攀登马特洪峰或者成功登顶的时间已经不多。

这就是所谓的正面影响很小，负面影响很大！或者换句话说，是“大风险，小收益”。虽说人生要敢于冒险，但冒险之前，还是请先评估一下风险与收益。

不要轻易放过所谓的“奇思妙想”

本节关键要点

◎ 当你认为已经找到了完美方案时，务必仔细检查，确保没有其他因素妨碍其实施。

◎ 即使你发现解决方案因为难以抗拒的原因难以实施，也不要放弃。一点点创造性的思维，或许能激发出一个切实可行的解决方案。

你是否有过这种感觉：仿佛自己是世界上唯一解决某种社会问题的人？

也许，你会想：“我知道怎样解决墨西哥的毒品问题。”那就是更换货币，取消美元，代之以一种全新的货币，让美元变成一堆废纸。现在很多国家之所以经常更换货币，就是因为想废除现行货币。这种做法，对遏制毒品交易怎么可能无效？当欧洲国家抛弃法郎、马克和里尔，改用欧元时，毒品贩子该如何处理他们积聚的现金呢？

这个主意听起来不错，但是一条难以抗拒的相关原则就能让其变得一文不值：因为当你试图更换货币时，原货币持有者都会把它兑换成商品或服务，从而引发通货膨胀，最终导致国家经济彻底崩溃。

或许，你还想到一个解决能源问题的“良策”。那就是发明一种类似无线电波或电视信号的，可以通过空气将电力传递到汽车的有效装置。不幸的是，现有相关原则证明：“这样做行不通，因为……”几十年以来，科学家们一直在潜心研究这个问题，但是依然未能从 1.5 米外点亮一个 100 瓦的灯泡。

或许你刚刚失业，因为年纪太大，又找不到其他工作，在遭受无数次挫折之后，你决定移民澳大利亚。一位朋友曾告诉你："澳大利亚给予公民一辈子的福利，他们会照顾你的。"但是在决定之前，你最好打电话咨询一下澳大利亚领事馆，了解一下获得澳大利亚永久居留权有多难。最终，你会发现这种可能性几乎为零。

但是，也不要全部放弃这些奇思异想。综合考虑一下，看看能否从中提炼出切实可行的好主意。经过缜密的分析之后，你会发现更换货币会导致通货膨胀。现在你知道这种做法为什么不可行，但是也许相似做法可以解决这个问题。当你从物理定律中得知电不可能像电波那样在空气中传播时，应该这样想："虽然如此，但是再仔细想想，或许它将激发出不同的解决方法。"

该放手时就果断放手

本节关键要点

◎ 谨防自尊心阻碍你果断终止毫无意义的项目。

◎ 假如申请破产是拯救公司的唯一方法，精明的商务人士会提出申请。

◎ 假如别人给你制造了问题，你当然可以生他们的气。但是生一小会儿气就行，因为你还得解决问题。

◎ 不要将太多个人情绪带入计划之中。

◎ 忘记曾经投入的时间和金钱。着眼当下，考虑怎样才是最明智的做法。

◎ 敢于面对现实，勇于承认错误，并尽快改正，以重返正轨。

肯尼·罗杰斯几年前曾告诫我："你必须明白什么时候放，什么时候收。"但在我所认识的人中，却有一些聪明绝顶的商务人士遭遇困境却不肯悬崖勒马。这是为什么呢？原因如下：

承认失败有损自己或者公司的形象

千万不要这样想。如果破产是唯一能够挽救公司的方法，那么精明的商务人士是不会觉得难以想象和难以接受的。假如通用公司都能进入破产程序，然后涅槃重生，那么你也同样可以做出类似的正确选择。

2009 年，号称"百年老店"的美国第一大汽车厂商通用汽车公司向纽约曼哈顿法院申请破产保护，成为美国工业史上最大的一起破产保护案。

破产前的通用拥有 823 亿美元资产，负债 1 728 亿美元。申请破产后，通用把旗下品牌由 8 个减到 4 个，并终止或暂停 14 座工厂和部分经销商的营运。汽车销量由每年 1 600 万辆降至每年 1 000 万辆，公司还裁减 21 000 名工人。破产后的通用进行了资产重组，仅用了两年的时间，就从破产中重生，新通用利润创历史纪录。

不愿接受现实

问题解决高手知道，需要应付的是眼下发生而不是昨天发生的事情，更不是假想发生的事情。对让你身处困境的人大发雷霆是不能解决问题的，接受当前事实并采取行之有效的行动才是正确做法。

比如在你爬山时，绳子突然断了，当你发现自己脚踝被磕破，身处万丈绝壁时，你自然可以咒骂该死的绳子生产商。但是，咒骂一小会儿就行，因为几分钟之后，这种行为将会产生不良的后果。尽快停止这种做法，着手应对眼前局面，你的处境才会快速得到改善。

投入太多，已经无法终止项目

在讲授谈判课程时，我告诉大家：让对方在谈判中停留的时间越长，你得到想要东西的机会就越大。

同样，这一原则也适用于你。谈判越久，你愈有可能妥协。为什么会这样呢？因为潜意识会向你尖叫："你耗费了这么多的时间和精力，不能就这么两手空空地走了。你必须得有所作为。"

解决问题时，你必须忘记已经投入的时间和金钱。无论你是否达成交易，时间和金钱都已经没了。时刻关注眼下发生的事情，并这样想："如果不考虑那些已经投入的时间和金钱的话，我们是否还应该继续前进？"

如果没有继续的必要，千万不要明知不可为而为之，该叫停时就叫停，否则与主动抛弃这笔投资相比，最终损失要惨重得多。

地产巨鳄为何将价值 1 亿美元的项目束之高阁？

正是对这一点有着明确的认识，唐纳德·特朗普（Donald Trump）才得以成为一名优势谈判高手。他当机立断，不惧怕终止一笔已经毫无意义的交易。例如他曾经花费 1 亿美元买下曼哈顿电视城的一块地皮，又投资数百万美元进行设计，准备修建当时世界上第一高楼，旨在通过这座 150 层大厦吸引美国国家广播公司的豪华摄影棚。然而，与当地政府无法就减税额度达成协议时，他毅然将这一计划束之高阁。因为在他看来，一个 5 年前还算很棒的投资，如今已经无利可图。于是，他将整个项目搁置起来，期望将来房地产市场能重新繁荣。后来，他果真等到了这一天。

同样，你必须忘掉之前的投入，来审视之前的方案是否依然可行。唯其如此，你才能解决问题。

值得注意的是，千万不要让项目发起人亲自终止项目。因为对于项目投入了过多的个人情感，他们很难做到公正客观。假如他们不愿意终止项目，那就将决策交给不会感情用事的人。

当然，你可以坚持说“即使这个决策可能会置我于死地，但我还是要义无反顾地做下去”，这是一件很美妙的事情。但是，千万不要为它拼命，要敢于面对现实，勇于承认错误，并尽快改正，重返正轨。

CHAPTER

第 3 章

大量搜集准确的信息

GATHERING INFORMATION

市场调查的开支甚巨，但所得到的有用信息却非常有限，怎样降低信息成本？

福特汽车董事会主席如果预先打电话给罗杰·道森，他还会做出收购捷豹汽车的重大决定吗？

现实生活中的信息总是严重偏移，导致决策屡屡失误，应该采取怎样的补救措施？

建立一套系统方法，搜集足够的正确信息，你才能做出明智的决定。

Secrets of Power Problem Solving

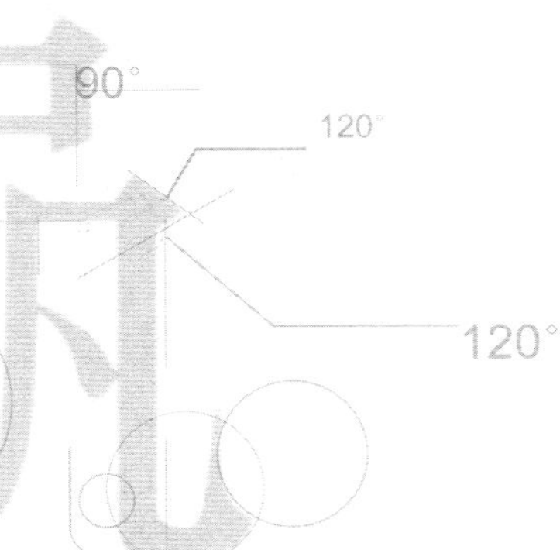

我的提拔原则就是：能不能敏锐地发现问题，并及时地解决它。
如果只是发现问题而不能解决，这样的人不是我们需要的。

戴尔·卡耐基

解决问题的关键在于获取正确信息，所以让我们来谈谈如何成为信息搜集专家。假如你雇佣我来为你解决问题，那么我做的第一件事情应该是什么呢？那就是问你一系列问题。想一想如果在我向你收费之前，你就回答了那些问题，你将节省多少钱。

英国作家拉迪亚德·吉卜林（Rudyard Kipling）在他的诗歌《我有6位忠实的仆人》中，就为这个过程搭建了框架：

我有6位忠实的仆人
他们教会我一切
他们的名字分别为
何事、何故、何时、如何、何地还有何人

注意，无论是何事、何故、何时，还是如何、何地及何人，它们都是开放性问题，也就是说不能用“是”或者“不是”来回答的问题。正如推销员经常告诫你的那样，开放性问题是搜集信息的最好方法。

首先考虑一下，你需要搜集多少信息？在生意场上，搜集信息的费用十分昂贵。如果花钱雇用一家广告公司做市场调查，你很快就会发现数百万美元一下就用完了，获得的信息却不多。为此，你必须充分衡量搜集信息的成本，以及获取正确信息的必要性。

搜集信息时，需要考虑的另一点就是时间的紧迫性。假如时间压力很大，那它将会限制你搜集信息的数量。如果你需要解决的问题是新产品的市场推广，那么你必须平衡信息搜集与决策延误太久产生的风险之间的关系。因为假如延误太长时间才下决定，那么你的对手很可能已抢占先机。

搜集信息的诀窍是建立一套系统方法，以备将来搜集信息所用，不要临时抱佛脚，等到火烧眉毛时才开始搜集。例如你打算明年买辆新车，那么你在平时查收电子邮件时，可以顺便关注一下车讯，并将那些感兴趣的信息复制保存起来。你甚至不必阅读这些评论，只需将其积累起来就好。剪辑分类广告栏目中的车商广告，建立价格数据库。这样一来，等到你做决定时，手头上就有了足够多的正确信息。

在我的电脑里，就有一个我多年积累起来的巨大文档库。按照主题类别，它们分别储存在几十个文件夹里。这个小秘诀，是我从一位计划每年做 50 场布道会的牧师那里学来的。假如我想在本书中写一章关于幸福的内容，那么我就可以打开电脑里所有有关幸福的文档，尽情吸收最近 10 年中与幸福相关的研究成果。你可能会质疑：难道我不能等到需要时，直接在 Google 或者 Bing 上搜索吗？回答自然是肯定的，但是那样就如同从消防水管里小小地吸了一口水一般无关痛痒。相比而言，我更乐于自己储存有关这个话题的大量信息。

或许你在想，将来我一定要开一家饭馆。或许这还只是一个遥不可及的初步设想，但你还是应该马上着手搜集信息。一旦发现那些介绍餐馆的文章，就把它们剪下来，加以保存。如此一来，等到你最终做出决定那一天时，手上拥有的足量信息就能帮助你做出明智的决定。

信息的两个维度：准确度和充足度

本节关键要点

- ◎ 生意场上，信息搜集费用昂贵。因此，要先确定消息灵通的最低需求量。
- ◎ 你面临的时间压力有多大？不要因为搜集信息而错失良机。
- ◎ 在需要之前就搜集信息。在电脑上创建一个文件夹，将你感兴趣的东西都放进去。
- ◎ 学会提开放性问题，因为它是搜集信息的最好方法。
- ◎ 如果你在推广一种新产品，那么，你一方面要掌握充足的信息，一方面又不能延误产品的上市，这时你就需要在二者之间做好平衡。
- ◎ 预先建立一套能够帮助你搜集信息的系统。千万不要等到你需要搜集信息的时候才开始动手。

没有足够的信息，问题真的很难解决。任何时候面对问题，你都应该先问自己：“我拥有的信息，足以做出明智的决定吗？”如果有，那你就可以大胆放手制定解决方案。如果没有，那你最好还是等一等，直到获得足量的信息为止。

信息匮乏时，做决定要特别谨慎

要想迅速解决问题，关键在于搜集尽可能多的信息。你可能很快就会发现，虽然已经投入了巨额资金，可你所掌握的信息仍然非常有限。所以你必须在“信息搜集成本”和“搜集多少必要的信息”之间把握好平衡。实际上，有时“信息匮乏”导致的成本比“搜集信息”的成本高得多。

福特公司为信息匮乏买单 36 亿元

即使是最老练的商业巨擘，也可能会因为信息匮乏而受挫。福特汽车公司董事会主席唐·彼得森（Ton Petersen）在功成身退之前，做出以 25 亿美元购买捷豹汽车公司的重大决定。也就是说，他们花了 5 倍的账面价值，收购了这家年销量只有 5 万辆（宝马和奔驰销量的 1/10）的公司。而且当时，捷豹汽车还存在严重的质量问题。据著名汽车评级机构 J.D.Powers 调查显示，捷豹汽车的维修率是竞争对手的 100 倍之多。捷豹 X-Type 汽车甚至被《时代》杂志评为 10 年内质量倒数第六的汽车。

其实，彼得森完全不必付钱请动力公司调查这些信息。他可以打电话给我，我将免费为他提供这一资讯。因为我就有一款 12 缸的捷豹汽车 XJS，它简直就是一大灾难。即便它是行驶在马路上最漂亮的汽车之一，但是绝大多数时间却都趴在汽车修理厂里。更严重的是，引擎最后居然彻底报废，修理商开价 11 000 美元，建议给车子换个新引擎！

收购捷豹汽车公司之后，福特派遣一支团队到工厂监督生产，寻找汽车质量如此低劣的原因。研究报告最终指出：捷豹汽车公司可能是全世界最糟糕的汽车厂。了解了这一点，就不难理解南斯拉夫牌汽车和前民主德国的特拉邦汽车为何遭受恶评了。

随后，福特又投入了 100 亿美元对捷豹汽车制造厂进行现代化改造。但根据《今日美国》的报道，福特公司 2008 年将捷豹和路虎抛售给印度一家以生产卡车和廉价轿车而知名的塔塔集团。福特为两家公司投入 53 亿美元，而塔塔只支付了 17 亿美元。

像福特这样成功的大公司都会深受信息匮乏之害，很显然，我们更需要特别当心。

搜集信息到底有多重要？毫无疑问，信息就是力量。掌握的信息越多，你犯错误的概率就越小；你所掌握的信息越多，你在作决策时拥有的框架就越清晰。这样你就不用仔细计算每一个步骤，而是凭借自己的直觉迅速做出决定。

搜集准确的信息，并且善于提问

正如食谱中的物料一样，信息必须量足质优。

不要陷入为搜集信息而搜集信息的陷阱。亨利·福特曾经骄傲地指着他的一辆汽车说："这款汽车有整整 4 721 个零件。"对于福特居然知道这样细微的信息，来访者感到非常惊讶。后来，他向一位工程师求证这个数字是否准确。但是，得到的回答却是如此："我不知道是否准确。即使准确，我也想不出比这更无用的信息了。"

通常我们搜集信息的方式是依赖他人或者其他渠道，获取知识则是向自己正确发问而来。小儿麻痹症疫苗的研发者乔纳斯·索尔克（Jonas Salk）曾说："发现即是探索，唯有探索才能感知。"言下之意，要学会并善于提问。

以众多信息构筑完整框架

擅长搜集信息非常重要。因为你知道得越多，你的直觉就会越灵敏。下面，我为你解释一下原因。

还记得你面对新事物时的情景吗？那时，你会关注每个细节吧？例如你第一次开车，你会做出各种决定：打开方向灯、换挡、松开油门、将左脚踩在离合器上、右脚踩在刹车上。总之，这些必须做到的小细节都会一一处理。但是随着你对这些事情的熟练，慢慢地你就会不假思索、自然而然地完成这些操作。由此可见，获取的信息越多，框架越完整，就越容易解决问题。那时，你完全不必绞尽脑汁思考每一个步骤，只需让直觉在整个问题解决过程中任意穿梭即可。

信息偏移让你做出错误决定

本节关键要点

◎ 搜集信息时，对信息偏移趋向了解得越多，搜集的信息就越准确。

◎ 越注意某些信息，就越容易在潜意识中夸大它的重要性。所以，对这种信息要特别考察其客观性。

◎ 搜集信息时，不光要搜集自己感兴趣的信息，也要搜集自己不感兴趣的信息。

◎ 当你请人为你搜集信息时，要考虑一下他与你是否有利害关系，是否具备足够的专业知识，是否心怀偏见，搜集信息的时间是否足够等。

搜集信息时要注意：人类搜集和分析信息非常不精确。我将这种现象称之为“信息偏移”。想象一艘轮船正从金门大桥下经过前往香港。航海者已经制定了明确详细的航海计划和航海路线，同时还根据洋流、风向以及其他因素做了相关调整。然而，他开始 4 ～ 5 天的航程后，还是有很多因素会导致轮船偏离既定的航道。风、潮汐、洋流和月相等都会产生影响，船长还必须对每个因素采取补救性措施。

同理，搜集信息也是如此。为某个决定搜集信息时，我们必须认识到有很多因素会使我们偏离既定的路线。如果没有意识到这一点，那么我们可能就会基于不准确的信息做出错误的决定。**在搜集信息时，对信息偏移趋向了解得越多，搜集的信息就越准确**。搜集信息的方法无非是自己亲自动手或委托给他人。当时间紧迫时，为了解决问题所需要的信息，可能会将搜集信息的任务委托给他人。但即使是委托给他人，也不能把全部工作都交给对方去做，应该考虑到意外情况下的补救措施。自己亲自动手做的部分一定要扎扎实实地做好，这样能够促使自己动脑筋想办法，也是很好的学习机会。

在导致信息搜集线路产生偏移的因素中，有 8 个主要因素，需要对它们一一进行核查。下面，让我们对这 8 种偏移现象逐一深入讨论。

可得性偏移：关注易于获得的信息

所谓“可得性偏移”,即我们更重视那些比较容易获得的信息。简言之，就是我们对某事越了解，就越容易重视它。新闻报道往往是“可得性偏移”产生的原因，因为报纸新闻和电视新闻节目对事情很少给予同等的重视。

接下来，我向你提 4 个问题来让你确信这一点。

患结肠癌与车祸，哪个死亡可能性更大?

你可能会选择车祸。因为相比患结肠癌的信息，我们更多听到的是因车祸丧命的信息。但事实上，患结肠癌的死亡人数是因车祸死亡人数的 2 倍多。美国癌症协会预测，美国有 102 900 人死于结肠癌；美国国家高速公路交通安全管理局报告则称，只有 42 000 人死于车祸。

死于谋杀的人多，还是死于肺炎的人多?

你可能会选择谋杀，因为我们更多听到的是谋杀案。但实际上，死于肺炎的人数是死于谋杀人数的 3 倍。美国约有 52 700 人死于肺炎，却只有 16 000 人死于谋杀。

纽约的自杀率高，还是新墨西哥的自杀率高?

纽约的自杀率全美国最低，大约是新墨西哥和亚利桑那的 1/3。如果你回答说是纽约，那么显然你受了新闻报道那类“信息偏移”

的影响。事实是，纽约真的是一个非常乡村化的城市。但因为我们听了太多关于该城市地区人们自杀的消息，所以认为所有的纽约人都住在大城市里，他们的自杀率也就比新墨西哥和亚利桑那的自杀率要高。

死于枪击的人多，还是溺水身亡的人多?

溺水身亡的人数是死于枪击人数的 3 倍。大约有 5 000 人溺亡，只有 1 400 人死于枪击。

经验性偏移：受个人偏见的影响

“经验性偏移”指的是我们往往倾向于根据个人或职业兴趣看待事件。如台球高手约翰尼·艾尔瑞斯就曾这样说：“那个家伙怎么样？ 6 个球都打不进，居然还是美国总统！”一个保龄球选手可能会样说：“他打球洗沟，竟然当选为总统！”

如果你在美国出生，那么你可能很难相信全世界收视率最高的赛事是足球比赛。2010 南非世界杯决赛，收看观众总数就超过 7 亿。

现在，你明白“经验性偏移”是如何误导我们偏离正轨了吧。一位来自豪华轿车生产部门的首席执行官看到竞争对手正在着手生产微型旅行车，他根据自身经验认定对方行为只是一时心血来潮，不会持续太久。

看清别人的偏移非常容易，但看到自己偏移却十分困难。我们很容易理解在看待贫困问题上，芝加哥人权律师出身的总统与官宦世家出身的总统的态度会大相径庭。但是，你能看到你自己戴着有色眼镜看到的另类世界吗？

冲突性偏移：拒绝跟你的信念相冲突的信息

“冲突性偏移”是我们倾向于排斥与自身信仰相冲突的信息。例如，如果我们认为看电视纯粹是浪费时间，那么就很难相信尼尔森调查公司公布的、美国人平均每月看电视时长高达 153 小时的报告结果。但事实上，这 153 个小时还不包括通过电脑、手机和 iPad 观看节目的时间。同样，素食主义者很难相信美国人平均每年消费的肉类产品重量竟然超过他们的体重。

当某个事物与信仰发生冲突时，我们通常会拒而不信。

因为信念或信仰是一种根深蒂固的东西，很难受外界环境或信息所左右。虽然信念无所谓好坏，但对信息偏移产生巨大影响。

美女也偷窃?

年轻时，我在蒙哥马利伍德连锁百货公司工作，听过很多关于预防和应对"顺手牵羊"偷拿商品的讲座。因为我自己从来不偷东西，所以视其多余而不加理会。直到有一天，我在商店的大厅里，看到面料部里有一位漂亮的年轻女士从货架上取下一条拉链，然后将它迅速塞进钱包里。我简直不敢相信自己的眼睛。她一定也感觉到我正在注视她，所以又迅速将拉链放回货架。由于本州的法律规定，只有等小偷离开商店（至少是离开了售货区），店主及相关人员才能扣留小偷并报警，所以我什么也不能做。

这也是为什么那么多人侵占公款，却每次都能侥幸逃脱惩罚的原因。我极其信任的一名下属挪用几千美元的公款被我发现了。当时我惊愕不已，甚至无法相信眼前发生的事情。这就如同每次听到盗用公款的新闻，总是会听到他们的上司说："无法相信这样的大好人居然会做这种事情。"

不要因为某些信息与你的信仰相冲突，就予以排斥。

选择性偏移：优先记住对你最重要的事情

"选择性偏移"指的是因为我们无法全盘接受所有信息，所以通常会摒除那些不感兴趣的信息。研究人员将对事物的随意观察命名为“软输入”，将对事物的科学观察称作“硬输入”。通常，问题解决高手擅长用硬信息来验证软信息。比如你是通用食品公司的一位高管，一天去位于你家附近的超市购买生活用品。很意外的是，你发现似乎每人的购物车里都放有一罐斯马克公司生产的福杰仕牌咖啡。在你匆忙得出本区麦氏咖啡区销量会出问题的结论之前，先核实一下电脑里的硬数据。

选择偏移导致休斯航空公司的没落

在商界，“选择性偏移”可能代价昂贵。听听霍华德·休斯的故事，你就会知道。二战结束后，他开始热衷精密武器制造。为此，他雇用了两位十分有天赋的年轻科学家，即他在加州理工学院时的同学西蒙·拉姆博士和迪恩·沃尔里奇博士。在为休斯飞机公司工作之前，拉姆在通用电气公司就职，沃尔里奇则在贝尔电话实验室做研究。在军工电子研究方面，拉姆和沃尔里奇都表现非常出色。

然而这并未引起霍华德·休斯的兴趣，他待在卡尔弗城休斯飞机公司总部的时间远远少于在拉斯维加斯追求女影星泰瑞·摩尔的时间。结果，公司管理层之间出现摩擦，他们请求霍华德·休斯予以解决，但他没有及时处理，这直接引发了拉姆和沃尔里奇两人的辞职。在获得了克里弗兰市汤普森公司的财政援助之后，他们成立了自己的公司，将公司命名为 TRW，也就是汤普森、拉姆和沃尔里奇 3 人姓氏首字母的组合。这家公司后来发展成为航空科技工业的领头人，最终超过休斯航空公司。

所以，千万不要让个人喜好影响你的看法，而是要调整自己，将注意力集中在信息的客观性而不是个人兴趣上。

固化性偏移：过于看重首先得到的信息

“固化性偏移”是指如果在某个领域缺乏经验，那么我们很容易先入为主地认定听到的第一个信息。

错误的数据却深印企业天才的脑海

将 ITT 公司缔造成跨国联合大企业的天才哈罗德·杰宁（Harold Geneen），就是一个“固化性偏移”的受害者。曾经，我和他旗下某家公司的总裁共进午餐，他告诉我他第一次和杰宁会面的故事。当时，杰宁问到他有关公司生产的某个统计数据。由于他不想承认毫不知情，所以就凭经验估算了一个数字。

会议结束后，他赶忙核对，结果发现估算的数据和实际数据相差甚远。于是在下一次遇到哈罗德·杰宁时，他向杰宁道歉，并将正确的数据告诉他，同时保证将来一定确保精确。然而，这时哈罗德·杰宁已将第一次听到的数据印之脑海，所以这位总裁已经不可能将它从脑中抹去。后来每次相遇，哈罗德·杰宁就会想起那个原始数据。他之所以认为只有它才是正确的，是因为他的大脑已经将其固化。

在培训房地产经纪人如何向卖方报价时，我建议他们使用“固化”法。在将报价单从公文包里拿出来之前，先这样对卖方说：“现在，我知道这笔房产你想卖 20 万美元，但是您也知道一般交易很少以原价成交。事实上，绝大部分交易最终的成交价都要比原价低 10%，也就是说 18 万是我们期望的价格。”这样，你就将 18 万的数字固化在卖方脑海中。然后，当你将 18.5 万美元的报价单递给卖主时，他会觉得超过了固化在脑海中的数字，也就更能接受这个报价。

这种做法具有普遍意义。我经常看到销售人员将买家“固化”到价位最低的商品上，因为他们不想把客人吓跑。然而之后他们却很难再提高价格，因为他们已经将顾客“固化”到了那个较低的价格之上。

避免“固化性偏移”需要个人自律，因为必须随时接纳与你信仰相悖的信息。在得出结论之前，你必须搜集所有必需的信息。

近因性偏移：记着刚刚发生的事情

“近因性偏移”即我们倾向于过度关注最近发生在我们身上的事情。这也是为什么看到一起交通事故之后的几分钟里，我们开车都会慢一点的原因。

在生意场上，这种情况则表现为销售人员往往乐于向顾客推荐他们刚刚接受过相关培训的商品。比如你是一家厨房设备制造商的销售代表，负责分销商的业务。通过这些分销商，你们的产品将卖给餐馆。即使分销商们已经十分熟悉你们的产品，但你还是应该经常把他们召集起来进行培训。如果你经常向他们提及你们的产品，那么他们就更有可能卖你的而不是竞争对手的产品。

这也是卖点海报盛行的原因所在。制造商们想方设法把名字摆在你的面前，尽可能靠近你的购物决策。很多次，我在商场拿起一款商品，边看边想：“恩，我听说过这种产品，据说还不错。”直到最后，我才意识到我只是从制造商那里听说过它，而并非客观信息来源。

喜好性偏移：倾向于相信愿意相信的东西

“喜好性偏移”是指我们通常习惯认真搜集那些与我们信仰相符的信息，更倾向于相信我们愿意相信的东西。相反，我们只有经过足够的训练才能搜集那些与我们既有观念相悖的信息。

同样的偏移也可能发生在企业经理做投资决定之时，比如说投资冲浪板生意。事实上，这个决定是个大错误。因为这是一个非常时尚，高度专业化，只有狂热的冲浪者才能经营的行业。然而这位经理永远也发现不了这个错误，因为他的思维只会强化他做出的决定。加强训练，尝试搜集那些与信仰以及既往决定相矛盾的信息。

呈现性偏移：相信信息提供者提供的信息

当我们自行搜集或分析信息时，所有“信息偏移”都会发挥作用。如果别人为我们搜集信息，那么又会出现另外一个问题。因为在呈报信息的时候，他们可能会带上偏见。他们或许调整了 7 种“信息偏移”，但是却将“呈现性偏移”的针尖刺进了问题全局。于是对于我们这些解决问题的人来说，信息依然不准确，因为呈现者呈现信息时存有偏见。因此，要特别注意 4 大影响因素：个人利害关系、专业知识、偏见和时间压力。

如果你请人帮忙搜集信息，那么请注意检视下面这个清单：

◎ 给我提供信息的人，跟我的决策是否有个人利害关系？他是否无意或有意左右我的想法？

◎ 为我搜集信息的人是否具有该领域内足够的专业知识？从专业匮乏者那里获取的观察结果，不仅不靠谱，而且可能很危险。

◎ 信息呈报者心怀偏见吗？或许他与你的决策毫无利害关系，但是他可能存有偏见。比如他乐于冒险，或者害怕冒险。他可能反对海外拓展，或者反对将产品外包到国外生产。

◎ 这个人能够花多少时间搜集信息？假如他在时间紧迫的情况下搜集信息，那么他的报告结果可能很肤浅。

问题解决高手不会责备他人提供信息时存在偏见，但是会清楚地了解这 4 种偏见，并且知道如何巧妙地调整“呈现性偏移”。

CHAPTER

第 4 章

复杂问题，简单解决

PROBLEM SOLVING TOOLS

一批变速自行车以史无前例的 2.5 折低价转让，经营园林工具的公司老总该不该接下这笔利润丰厚的生意?

某位要员即将离职的流言传开，公司上下顿时人心惶惶，你该如何应对这个局面?

用对方法，复杂问题也可简单解决。

Secrets of Power Problem Solving

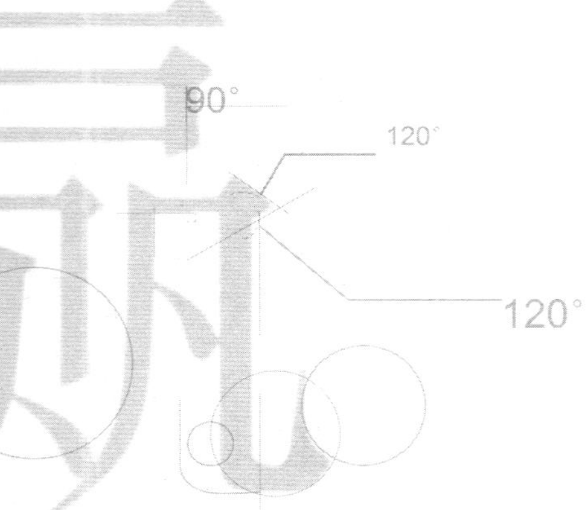

世界上没有解决不了的问题，只有不想解决问题的人。

松下幸之助

在这章中，我将教给大家一些解决问题的基本方法。

你将了解到丰田汽车创始人丰田喜一郎的父亲丰田佐吉 (Sakichi Toyoda) 在遇到问题时就喜欢宣传他的“五个为什么”，他的解决问题之道不仅适用于诸如“我的车不能启动”这类的小问题，而且还适用于公司的大多数重要问题。

很多时候你会发现问题其实都早已解决，因为解决方法就在你的企业规范中；有些问题根本不值得你耗费心思，因为只需使用企业规范就可解决。

此外，我还会向你说明在寻找解决方法之前必须先确认细节。

面对“做与不做”这类问题时，你必须先问自己：“如果我按兵不动会怎样？”我也会谈及这个问题。

最后，我将告诉你如何巧妙地寻找合适的时机及合适的方式获取他人的帮助，以便解决问题。

首先确定消息的可靠性

本节关键要点

◎ 决定应对问题或机会之前，务必核实清楚情况，确认问题或者机会是真实存在还是臆想而来的。充分了解问题。

◎ 核实清楚机会或问题后，再采取行动。

在寻找解决方法之前，你必须先确认问题或者机会是真实存在还是臆想而来的。我们经常将大量的时间和精力耗费在应对原本虚无缥缈的问题或机会上。在很多新闻编辑部里，你都会看到这样的标语："任何事件都不会像第一次报道时那样糟糕或美妙。"这就是要告诫记者不要反应过度。

公司里也会发生这样的事情。一旦某位要员将要离职的谣言传开，每个人的脑子里就开始闪现各种可能性以及需要做出的决定。其实你首先要做的是确认或者驳斥传言，而不是自动跳到解决流程。这一规则同样适用于应对机遇。机遇是真实存在的，还是虚无缥缈的呢？

比如，有消息说业界一家公司准备出售。我们往往极易立刻进入决策制定模式：我们有能力收购这家公司吗？员工会有何反应？某个竞争对手会不会买下，再投资数百万美元呢？

其实，我们首先应该做的是核实那家公司出售消息的虚实。如果是真的，他们报价多少，能否以融资并购或者交换股权的方式进行？这时，就要看你是否能沉得住气了。你必须继续搜集信息，除非你因其他重要事情取消了这次收购。在制定决策之前，搜集信息资料是明智的。因为搜集资料其实是深入调查，看看有无决策的必要，判断这个机会到底是真实存在，还是空穴来风。假如这个机会只是虚无缥缈的想象，那又何必自寻烦恼呢？放松、撤退就好，因为除了过度反应，什么也不会发生。

务必充分了解问题的状况。有一次我在俱乐部打高尔夫球，听到一位球友说："有谁想要球杆吗？我刚刚买了一个新的，所以要把这个送给他。"一想到他可能把球杆送给我，我立刻兴奋不已。之后我发现他所谓的"送出去"，其实是让我以 200 美元买下来。虽然我最后还是买下了那根球杆，用得也很顺手，但是它却给我上了简单但重要的一堂课：核实清楚机会或问题后，再采取行动。

确定参数，快速决定

本节关键要点

◎ 假如没有必要为一个方案花费过多时间，那就确定参数，然后接受第一个符合这些要求的选择。

◎ 永远只关注值得关注的问题。

我们往往花费大量时间，做毫无必要的决定。

杰克从达拉斯开车去休斯敦并计划在那儿过夜。但在还有 144 公里路的时候，他突然犯困，于是立刻决定找个地方过夜。看到一家汽车旅馆的广告牌，但正当他想开车进去时，又看到一家看上去更好的。于是，他继续前行。好几次，他想停车入住，但最终还是继续往前开，总想着能找到更好的旅馆，但他却越来越难下决定。

由于选择结果影响并不巨大，所以这只是一个通过确定参数就能马上解决的问题。

案例中的人应该先确定自己不能接受什么，然后接受第一个不与参数相违背的选择。比如他的接受条件可能是 :“价格不超过 75 美元，有卫生间，必须干净。” 如果是这样，在看到第一家符合这些要求的汽车旅馆时，他就应该入住了。

再举一个例子 :

玛丽准备搭乘午夜航班从出差地回家。她想在机场的书店里找本书看，以便在飞机上睡不着时用来打发时间。但她看得越多，就越难做决定。

拜托！这种问题根本不值得用什么解题技巧。案例中的玛丽只需确定参数，然后选择其中一本就搞定了。也许她不喜欢精装版，不喜欢言情小说或者战争小说，也许她太累了，不想读商业书籍。除此之外，其他的都可以。那么，她只要选择第一本符合她这些要求的就可以了。

永远只关注值得关注的问题。不同选择结果的影响是不是很重要？假如这种影响难以预料但并不重要，那就运用参数来解决这个问题。

这个问题有人遇到过吗？

本节关键要点

◎ 确定特殊问题对你而言是不是全新的？如果是，利用创造性思维和较强的分析能力解决。

◎ 确认其他人是否也遇到过此类问题。如果遇到过，向专家咨询或上网搜索有用信息。

◎ 有哪些潜在因素影响这个问题？需要首先解决哪个问题？搞清楚这些问题后再着手解决。

在感到人生将被问题毁掉之前，你应该反思下："这个问题真的很特别吗？"

一旦回答了这个问题，其他问题都将迎刃而解。从这一刻开始，你会知道应该如何解决问题。

你很可能是因为之前没有碰到过类似问题而不知所措。如果真是这样的话，有 3 种可能，下面一一论述。

确定问题是否特殊

第一种可能是尽管你没有遇到过此类问题，但有人遇到过。比如亲人生病、家庭产生纠纷、个人或者公司财务出了问题等。对于你来说，这些问题是全新的；但对于其他人来说，这些可能是老生常谈的问题。所以最好的解决方法就是咨询专家，比如医生、婚姻顾问或者律师。

你很可能被一个自认为特殊的问题困扰多年。这个问题可能是你有一个有精神疾患的孩子或者姐妹。你因为不知道如何应对而痛苦不堪，就好像自己是世界上唯一遇到这个问题的人。一旦你明白了"这个问题并非只有我遇到，只不过我是初次遇到而已"，你就会惊讶地发现，原来专家每个星期都要面对几十个类似问题。另一个简单的方法，就是上网搜索有用信息。

首先确认其他人是否也遇到过此类问题。如果遇到过，就向他们咨询。

利用创造性思维解决特别问题

第二种可能是遇到的问题非常特别,之前几乎没有人遇到过。例如《荆棘鸟》（*The Thornbirds*）的作者考琳·麦卡洛 (Colleen McCullough)，曾经是一名神经病理学家，后来决定去新西兰奥克兰北面，1 600 公里之外的诺福克岛上进行历史小说创作。

诺福克岛是太平洋深处一座长 9 公里、宽 4.8 公里的小岛，距离澳大利亚东海岸尚有 1 600 公里之遥，是一块独立的领地。考琳·麦卡洛在这座小岛举目无亲，甚至连一个熟人也没有。经历了最初 6 个月的孤寂与烦躁之后，她发现这里正是她理想的天堂。她的创作热情在这座恬静美丽的小岛一发而不可收。由于之前没有人做过这样的尝试，所以她不可能向其他人咨询。因此，解决这种问题就需要创造性思维和较强的分析能力。

弄清潜在因素，再寻求解决方法

第三种可能是，当面临新问题时潜在因素会让问题变得更加棘手。例如：

我有 3 家贺卡店，其中一家一直在亏损，我应该把它关掉吗？

小店亏损，涉及的因素很多，各方面都要考虑周全，比如小店的经营品种、规模、地理位置、人员素质、管理能力、流程设计、交通环境、附近人群分布结构、消费能力等。具体做法有以下几种方式：

◎ 重检经营项目，看项目是否适合周围人群的消费结构与习惯。是否需要对经营项目进行调整。

◎ 进行成本核算，缩减不必要成本如人员、日常消耗品、煤水电等基本开支。

◎ 考虑目标客户是否清晰，是否进行了充分的客户调查，营销手段是否到位。

◎ 宣传方式是否有效，对目标人群宣传到达率、有效率是否心里有数，宣传模式是否需要调整。

◎ 开拓新的营销模式，灵活多样的销售模式以吸引众多客人。

◎ 地理位置是否合适，是否需调整。

因为造成当前局面的原因可能不止 1 个，所以你必须先弄清楚那些潜在因素，然后再寻找解决方法。

控制情绪可以减少问题

本节关键要点

◎ 生气在所难免。只要你能控制住自己，你不仅可以对他人生气，而且可以把生气当作一种特别的谈判技巧。但是如果你既生气又失控的话，那你只会陷入困境。

◎ 学会为了正确的目标，以适宜的方法，在合适的时间里找准对象，适度地生气。

◎ 降低对他人的期望，你也就能控制住你的愤怒。

在谈判培训课上，我经常告诉学员可以生气但要控制情绪。如果能做到这一点，适当的生气甚至还可以作为一种谈判策略。但如果你怒火冲天却又无法控制，那就麻烦了。

你可能会想有时生气也挺管用的，能让蹒跚学步的小孩远离行驶的汽车，可以阻止小狗弄坏篱笆，还能让孩子或者员工服从你的命令。

关于这个问题，哲学家已争论数千年。你现在发表观点也不迟。亚里士多德认为偶尔生气还是有必要的，塞内加却强烈反对。在《论愤怒》（*On Angry*）中，塞内加认为生气百害而无一利。他最终是怎么死的呢？自杀而亡。塞内加一生因为两件事而著称于世：其一，他的著作《论愤怒》；其二，他的死法。

塞内加是古罗马最富有且最有影响力的人。不幸的是，他被任命为当时皇位继承者尼禄的老师。尼禄是一个残暴变态的独裁者，塞内加想尽一切办法都没能脱离他的魔掌。尼禄指控塞内加欺君谋反，虽然这些可能是他凭空捏造的。尼禄指使一名古罗马百夫长指控他阴谋叛乱，并且下令他马上自我了断。于是，塞内加抽刀自杀而亡。

英国作家艾伦·狄波顿 (Alain de Botton) 在其著作《哲学的慰藉》(*The Consolations of Philosophy*) 中指出，我们可以从塞内加的死亡方式中领悟到许多东西。他认为，控制愤怒的关键在于降低你对他人的期望。因为，愤怒源于对生活及他人不切实际的期望。

假如你能降低对他人的期望，那么你也就能控制住你的愤怒。

降低期望，父子其乐融融

有位游艇俱乐部的朋友向我请教问题，我决定借机验证一下狄波顿的理论。他很喜欢和 25 岁的儿子一起航海，但每次都是闹着别扭回来。因为他觉得自己一直在辛苦地忙碌，儿子却只顾自己玩乐。

我给了这位朋友关于塞内加愤怒的忠告，并建议他以后再出航时，尽量降低对儿子的期望。朋友尝试了这个建议后，他与儿子之间的关系产生了奇迹般的改变。他不再为儿子无所事事而恼怒不已，并且开始欣赏起儿子用心做事的细节，而他的儿子也因为父亲不再唠叨抱怨，反倒变得勤快起来。

你也许会说 ：“这可不是教育孩子的好方法，他将来肯定好吃懒做。”这种情况可能会出现，但就抵制这位父亲的愤怒而言，却不失为一种行之有效的解决方法。你是支持塞内加愤怒绝无益处的观点呢？还是赞同亚里士多德“任何人都会生气，做到这一点很容易 ；但是能做到为了正确的目标，以适宜的方法，在合适的时间里找准对象，适度地生气，却非常不容易”呢？

我在谈判培训课上的答案就是 ：生气在所难免。只要你能控制住自己，你不仅可以对他人生气，而且可以把生气当作一种特别的谈判技巧。但是如果你既生气又失控的话，那你只会陷入困境。

假如你发现问题是因自己生气而致的话，那么就请采纳艾伦·狄波顿的建议，降低对命运安排以及他人的期望吧。

按兵不动，让问题自行解决

本节关键要点

◎ 当需要做出“做”还是“不做”的决策时，首先考虑“假如什么都不做，那会怎么样？”

◎ 如果问题没有向坏的方向发展，那就不妨等待，让其自行解决。

◎ 当问题没有出现负面影响时，只要给点时间，半数以上都会自行消失。

接下来，你需要考虑的问题是：如果按兵不动会怎么样？情况是会有所改善呢？还是会继续恶化？

《优势谈判》出版以后，很多读者在遇到谈判问题时喜欢给我打电话。这么多年来，我发现一件有趣的事情：如果我外出，几天之内无法给他们回电，那么等我回来再给他们回电时，会发现多半问题都已经解决了。更有趣的是，他们采取的最好方法大多数都是不做任何决定。

我在前面讲过世界上只有人的问题和钱的问题。但其实细分下去，这两大问题类别下又有许多不同的问题。例如：

◎ 有很多选择，但你不知道该选哪一个。

◎ 找不到解决问题的方法。

◎ 面临“做”或“不做”的决定：我们买不买那座新办公大楼呢？我们到底要不要录取这个人呢？

每次面对“做”或“不做”的决定时，你首先需要考虑的就是“假如我什么都不做，会怎么样呢？”对位于得克萨斯州维克镇的大卫教庄园进行突击搜查便是一个“做”还是“不做”的决定。

> 一伙教徒聚集在名为卡梅尔的庄园里。当美国烟酒武器和爆炸物管理局的官员，为了搞清楚他们是否违反了枪支管理法而来到他们居住的楼下时，他们射杀了 4 名官员。于是，数百名执法官员开始围攻大楼。
>
> 这起事件轰动了全国，最后由司法部部长珍妮特·雷诺接管此事。在僵持了 51 天之后，她下令进攻。警员立刻向大楼开火，有 76 人在这场恐怖集体自杀事件中丧生。

珍妮特·雷诺本应思考 ：“假如我们什么都不做，那会怎么样呢？”她解释说之所以采取行动，是因为大楼里的孩子们受到了虐待，但这并非事实。因为当联邦调查局的特工将食物送到大楼里时，他们将微型麦克风巧妙地安放在牛奶箱里。这样他们可以听到里面的所有谈话。你可以去互联网上查找这些谈话内容，压根没有虐待孩子的事情。

所以对于当局来说，显然没有必要强攻。正确的方法应该是隔离和封锁区域，其他什么事都不用做。

在采取行动之前，务必确认“假如什么都不做，问题会怎样？”假如情况并未恶化，那就给它留点时间，看它是否会自行解决。

在企业规范和个人原则中寻找方法

本节关键要点

◎ 谨防自尊心阻碍你果断终止毫无意义的项目。

◎ 假如申请破产是拯救公司的唯一方法，精明的商务人士会提出申请。

◎ 假如别人给你制造了问题，你当然可以生他们的气。但是生一小会儿气就行，因为你还得解决问题。

◎ 不要将太多个人情绪带入计划之中。

◎ 忘记曾经投入的时间和金钱。着眼当下，考虑怎样才是最明智的做法。

◎ 敢于面对现实，勇于承认错误，并尽快改正，以重返正轨。

你首先要考虑一个关键问题：这个问题能否依据已有策略或者个人原则来解决？

约翰在西雅图有一家经营园林工具与设备的公司。有位客户告诉约翰，有 10 辆变速自行车因原来订货的商家破产要低价转卖，如果约翰有意向，可以打 2.5 折。这是一笔好生意，但约翰很难下决定。

这就是一个需要根据理念来回答的问题。你的主营业务是园林工具设备而不是自行车。所以，无论多赚钱，你都不能动心。

罗伊·迪士尼曾经说过：当价值观明确时，做决定就是一件非常容易的事。的确，不仅公司企业要有清晰的政策理念，个人也应该有明确的原则。唯其如此，你才能轻松地解决问题。因为当某事违背了你的原则、信仰和道德时，无论它的诱惑力有多大，你都不会去做。

作为知名的成功企业之一，美国诺德斯特龙百货公司的成功秘诀就是他们的理念守则。守则内容只有 1 页：

> 欢迎加入诺德斯特龙百货。我们的首要目标是为客户提供最佳服务，为你的人生和职业设定高远目标。我们对你实现这些目标的能力深信不疑。诺德斯特龙的守则：守则 1，任何时候都要充分运用你的判断力。再没有其他守则。

想象一下，诺德斯特龙的员工每天有多少次要思考该不该做某件事情，或如何回应顾客。如果有公司理念做指引，他们就会知道该如何行事。

年轻时我曾在加州贝克尔斯菲市的蒙哥马利沃德商店担任商品经销经理。虽然贝克尔斯菲只是个小城市，但我们的销售额在全国 600 家同类商店中却高居第 15 名。

之所以有这样的成绩，是因为我们总会不惜一切代价让顾客满意。我经常对部门经理说：“如果遇到顾客要求退货或者换货，务必满足他们的要求。因为就算你拒绝，然后把他带到我的办公室，我还是会那样做。所以，还是你来当这个好人好了。”

再回到西雅图那家经销园林工具与设备的公司上来，或许他们公司的经营理论过于宽泛，允许董事长购买这 10 辆变速自行车。理由是：“我们要以最优惠的价格为客户提供最优质的服务，成为西北部盈利最高的公司。与此同时，我们要充分抓住机会，在其他领域获利。”我不是要他如何经营业务，但是我想提醒他的是，如果有一个清晰明确的经营理念的话，他一定会取得更大的成功。

以个人原则做指导，轻松解决重要问题

明确的个人理念对指导自己的行为非常重要。所谓理念，即我们所说的个人原则。假如我们有一套赖以解决问题和做决定的个人原则，那么我们就能轻松地解决重要的问题。

以开车去商店这件小事为例。路程只有 1.6 公里，是否有必要系上安全带呢？假如你个人理念中有“开车一定要系安全带”这一条，那么你就不用耗费精力做决定，自然而然地系上安全带。

在去商店的路上，交通信号灯变成黄灯。一阵冲动涌上心头：是闯过去，还是踩刹车？假如你的个人理念中有“遇到黄灯停车等待”这一条，那么无论你有多想冲过去也会冷静地刹车。

一辆车正停在前面的车道上，等待时机进入主车道。你是示意他先过，还是让他继续等待？假如你有明确的个人原则，就会毫不迟疑地做出决定。

现在，虽然我也非常关心你的安全，但要知道我现在不是教你如何开车。但无论是闯黄灯、不系安全带，还是不允许他人插队，那真的只是你自己的事情。在这里，我想强调的是，假如你没有可依循的个人原则，那么将会耗费你大量精力，且毫无意义。

假如开车去趟商店都如此伤神，试想一下没有明确理念的企业得耗费多少精力呀！我就曾经在那样的企业里工作过。老板对每位员工都严加控制，以至于各级人员都对做决定这件事情头疼不已，总是担心老板不会同意他们的想法。因为游戏规则每个星期都会有所变化，所以员工很难确定上周正确的解决方法，这周是否还适用。正如罗伊·迪士尼所言，当价值观清晰时，做决定是件容易的事情。

制定原则，杜绝同类问题再次出现

审视你的企业或个人原则是否适用于解决某个问题。假如适用，你就要依据原则行事，否则就改变原则，但千万不要随意破例。

假如你没有解决这个问题的现成原则，那么你就应该制定一条当问题再次出现时能够予以解决的原则。

这里的原则，包括企业理念、流程手册和个人行为准则。假如儿子不听话，总是很晚回家，你是狠狠揍他一顿，还是任其为之？

好好思考一下，然后制定一条原则。你不仅会因为言行一致而获得孩子们的尊重，而且再也不用为他们费力劳神。因为当问题再度发生时，你就不必为寻找解决方法而苦恼。但这并不意味着你必须变成刚愎自用的暴君。你得让孩子知道，如果理由充分，他们还是有机会与你协商的。

作完决定后，更重要的是，判断自己是否需要制定一系列策略来避免此类问题再度发生。每次解决问题时，你都要先暗暗问自己："这种问题还会再发生吗？"你一旦形成原则，未来所有的应对都将模式化。问题再次出现时，你无须再作其他决定。

其实，人们一直都在无意识地这样做。一个 4 岁的孩子在爸爸面前说脏话，爸爸重重地打他了一巴掌。这个孩子立即就会建立起一个原则，用以应对类似局面。通常，这种策略是"不在爸爸面前说脏话。"

你认识的人中，可能有些人在大萧条时期倾家荡产。因此，他们再也不借钱投资房地产了。但是，他们制定这一原则并非刻意而为之，因为这样做显然并不明智，不过这一原则却让他们终生受用。

解决问题能够塑造自我，因为慢慢地你变成了你所解决的问题的集合体。但更为重要的是，你在解决一个问题之后，会不会制定原则。如果问题可能再次出现，学会制订原则以备日后使用。这是真正塑造你日后人生的大事，亦是决定你的企业未来发展的大事。

丰田佐吉的“五个为什么”法

本节关键要点

◎ “五个为什么”是确定问题根源的极佳方法。

◎ 坚持问完五个为什么，不要刚找到第一个问题就放弃，因为问题可能不止一个。

◎ 必须找到问题的根源，才能治标又治本。

无论以什么标准衡量，丰田佐吉都是一个相当聪明的人。1867 年他在日本出生，父亲是一个穷困潦倒的木匠，但丰田佐吉却创办了世界上最大的企业之一，被誉为“日本发明家之父”和“日本工业革命之父”。他将发明的丰田自动织布机的专利以 100 万日元的价格卖给一家英国企业。后来，其子丰田喜一郎利用这笔钱创立了丰田公司。

佐吉擅长解决问题并且提出了“五个为什么”的概念。所谓“五个为什么”，即在找到问题根源前，你应该问上五个为什么。

唯其如此，你才能避免同类问题再度发生。让我们以一个简单的汽车问题为例：

问题：我的车发动不了。为什么？

答案：电瓶没电了。为什么？

答案：上次开车时，发电机没有给电瓶充电。为什么？

答案：交流发电机的皮带断了。为什么？

答案：因为我没有保养汽车。为什么？

答案：我没有定期保养车子。那么应该怎么避免类似情况再度发生呢？

对策：定期检查和维护汽车。

“五个为什么”能有效防止你找到第一个解决方法后就以为问题解决了。意识到电瓶没电了，你可能会充电或者更换发电机。但是如果你不坚持找到一个彻底解决问题的方法，类似事故还会发生。因为更换发电机解决不了问题，除非你确认皮带断了。所以你必须找到问题的根源，不能治标不治本。

需要注意的是，“五个为什么”原则中的“五”并非实指，而是不固定的。如在上述案例中，假如有第六个为什么如皮带为什么断了，或是摩擦到什么东西等。又或者在第三个问题时你就适时停住了，将交流发电机的皮带更换掉，因为发电机也不一定会出现问题。但丰田佐吉还是希望这“五个为什么”能引导你找到问题解决方法，避免问题再次出现。

让我们来看一个稍微复杂的问题：

问题：美国国家公园管理局确定，华盛顿纪念碑正在遭受破坏。

（1）为什么华盛顿纪念碑正在遭受破坏？

因为公园管理部门使用了烈性化学制剂清理纪念碑。

（2）为什么使用烈性化学品制剂？

因为那里有很多鸟，必须清理大量鸟粪。

（3）为什么那里有很多鸟？

因为那里有很多蜘蛛，鸟很喜欢吃蜘蛛。

（4）为什么那里有很多蜘蛛？

因为那里有很多小虫，蜘蛛很喜欢吃小虫。

（5）为什么那里有很多小虫？

因为黄昏时的灯光吸引了小虫。

对策：推迟 30 分钟开灯。

五个为什么（英文：五 Whys），又称为“五个为何”、“五问”或“五问法”，是一种提出问题的方法，用于探究造成特定问题的因果关系。五问法最终旨在确定特定缺陷或问题的根本原因。在日常生活当中，常常会听到有人提出类似于“碰到问题，多问几个为什么”的善意忠告，而五问法之中的道理就与此忠告非常类似。

这个方法的关键之处在于，鼓励解决问题的人要努力避开主观或自负的假设和逻辑陷阱，从结果着手，沿着因果关系链条，顺藤摸瓜，穿越不同的抽象层面，直至找出问题的根本原因。简而言之，就是鼓励解决问题的人要有“打破砂锅问到底”的精神。

奥卡姆剃刀定律：最简单的可能最有效

本节关键要点

◎ “奥卡姆剃刀定律”认为，最简单的方法最有效。

◎ “奥卡姆剃刀定律”并非解决问题的工具，因为它并没有证明什么，但是对于确定问题的解决方法非常有帮助。

◎ 学着从最复杂到最简单的顺序罗列解决方法，最终你会发现最简单的方法最有效。

什么是“奥卡姆剃刀定律”？奥卡姆是位于英格兰萨里郡的一个小村庄，靠近环绕伦敦的 M25 高速公路。若不是一位名叫约翰的当地男子自认为是哲学家，这个地方也许早就湮灭在历史的长河中了。14 世纪太过久远，当时的人们甚至没有姓氏，所以这个约翰便被称作“奥卡姆的约翰”。他提出朱迪·福斯特所提及的那个理论：“奥卡姆剃刀定律”。该定律认为，在所有条件相同情况下，最简单的方法可能是最有效的定律。具体内容如下：

◎ 复杂原则。如无必要，勿用实证。简单来说，不要将事情复杂化。

◎ 简单原则。以多做少，毫无意义。假如用简单的方法可以解决问题，为什么非要寻找复杂的方法呢？

后世哲学家以他的名字，提出了这个简约理论。约翰是一位圣方济修士，安贫乐道，所以他的理论毫无疑问得到了大家的推崇。他也的确一直都过着简单的生活。

"奥卡姆剃刀定律"（"剃刀"，指剔除复杂过程而直达真相的过程）并不是一个解决问题的工具，它不能证明任何事情；它是一个诱发装置，是一种启发人们寻求解决问题之道的方法。

假设有人送你一个不用拧进灯座就可以点亮的灯泡，这个灯泡和普通的灯泡一样，但是却不需通电就能发光。为什么呢？想一想，有 3 种可能性：

◎ 他们发明了在空中传输电力的方法。

◎ 他们找到了隐藏电线的方法，所以旁人看不到。

◎ 他们在灯泡颈部藏了一节电池。

我按从最复杂到最简单的顺序，排列这 3 种可能。依据"奥卡姆剃刀定律"，第三种可能最简单，所以它是最可能的答案。

麦田怪圈，只不过是人为的恶作剧

1991 年，英格兰的南安普敦开始出现麦田怪圈。一开始，它并未引起人们的注意。但很快，在马特里堡也出现了图形更为复杂的麦田怪圈。这个怪圈特别显眼，人们从好几条大路上都能看见。这次人们震惊了，对其成因也众说纷纭。更奇怪的是，麦田怪圈如雨后春笋般蔓延，图形也越来越复杂。

这时，阴谋论者大做文章，说这是来自外太空的外星人连夜着陆，给人类传达的信息。其实只要简单套用"奥卡姆剃刀定律"，就能够轻而易举解决问题。太空人所为，可谓最复杂的解决方法，人类无聊的恶作剧才是最简单的解决方法。

神秘怪圈的制造期间，道格·保尔的婚姻遇到了麻烦，因为他总是夜不归宿，所以妻子怀疑他有了外遇，她从汽车的里程表上发现他去了很远的地方。相比那些麦田遭到破坏的农民，道格·保尔显然更害怕妻子。于是，他承认怪圈是他和一位朋友所为。

为什么“奥卡姆剃刀定律”屡试不爽？为什么最简单的方法可能最有效？这个问题问得好，我也不知道为什么。我猜它大概如同苹果从树上掉下来，又正巧砸在哲学家们头上一样，只是一个自然法则而已。需要记住的是，奥卡姆的约翰生活在一个非常简单的世界里，丝毫不关心日本的海啸或者被困井下的智利矿工。

当今，我们生活的世界复杂得难以理解，但正是这一点，使得“奥卡姆剃刀定律”成为更具价值的工具。当信息专家翻阅一堆堆的资料，寻找为什么马饲料滞销时，原因也许只是马不喜欢饲料的味道而已。

这条命名有些奇怪的定律可能不是一种解决问题的工具，却是一个能启发我们找到解决问题方法的有效装置。在面对并尝试解决问题之前，仔细思考一下最简单的方法，因为它可能是最有效的。事实上，奥卡姆剃刀同时也是一种生活理念。这个原理要求我们在处理事情时，要把握事情的本质，解决最根本的问题。尤其要顺应自然，不要把事情人为地复杂化，这样才能快速解决问题。 爱因斯坦说 ：“如果你不能改变旧有的思维方式，你也就不能改变自己当前的生活状况。”当你用奥卡姆剃刀改变你的思维时，你的生活将会发生改变。 在运用奥卡姆剃刀时应牢记爱因斯坦的一句著名的格言 ：万事万物应该都应尽可能简洁，但不能过于简单。

CHAPTER

第 5 章

发掘你的黄金直觉

INTUITIVE PROBLEM SOLVING

在激烈的竞标拍卖中，康拉德·希尔顿仅以 200 美元的差价买下史蒂文斯酒店，从而开创了希尔顿酒店帝国，他是怎样做到的?

前苏联在不断地增加核武器，里根总统如何在危机竞争中取胜?

对于总是把双脚搭在办公桌上发呆的员工，亨利·福特该怎样处理?

直觉是一种后天可以习得的技巧，控制大脑的工作，你也能以直觉制胜!

Secrets of Power Problem Solving

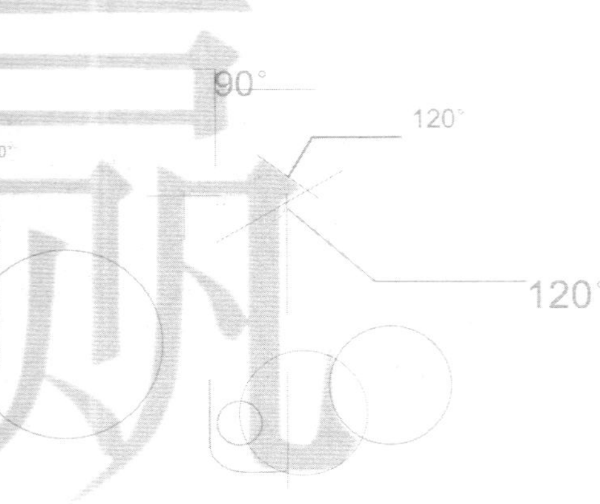

当你提出困难时，请你提出解决方法，
然后告诉我哪个解决方法最好。

李嘉诚

试想一下，每一百万人里面只有一个人能够拥有准确无误的直觉，你要是那个人，该有多好！

通过直觉取得成功的案例可谓屡见不鲜，史密斯并不是唯一的一个。

无视父亲和石油专家的建议，纳尔逊·邦克·亨特相信自己能凭直觉在利比亚找到石油。他在利比亚东南部钻探的萨里尔油田，最终成为全世界储量最丰富的油田之一。后来，他每天就能抽取10万美元的石油，直觉给他带来了160亿美元的财富。不过，直觉也可能背叛你。很快，穆阿迈尔·卡扎菲宣布利比亚石油业国有化。后来亨特又尝试囤积白银，但因为时机不对导致大部分财富都损失了。

古斯塔夫·列文是法国巴黎的一位证券经纪人，尽管对饮用水毫无兴趣，但他还是凭直觉买下了一家几乎倒闭的矿泉水公司。当然，其中部分原因是各种不同形状的饮用水瓶让他着迷。这些造型特别的瓶子的设计灵感来源于该公司的创始人——一位经常去印度俱乐部的古怪英国人。以这家公司为基础，古斯塔夫·列文后来建立了价值10亿美元的皮埃尔公司。

康拉德·希尔顿曾经宣称，他是凭借直觉建立起他的酒店帝国的。当决定购买芝加哥史蒂文斯酒店时，他的最初报价是 165 000 美元。“但之后不知为什么，我总觉得这个报价有些不对劲。同时，脑海中一直不停地冒出 180 000 美元这个数字。这个数字让我很满意，而且似乎还很公平。于是，我凭感觉将报价修改为 180 000 美元。竞标结果公布之后，我惊奇地发现与我的报价最接近的竟然是 179 800 美元。就这样，我以 200 美元的差价拿下了史蒂文斯酒店。最终，这家酒店给我带来了 200 万的收益。”

无独有偶，病毒学家乔纳斯·索尔克也曾说过：“直觉是我的好朋友。每天早上醒来，我都会先看看它给我带来了什么礼物。”音乐家巴赫过去也常说，他所面临的困难并不在于找不到音乐旋律，而在于如何避免早上起床时踩到它们。

南丁格尔–柯南特录音公司的创始人厄尔·南丁格尔曾说：“创意是难以捉摸、稍纵即逝的东西，所以最好在床边放上纸笔。如此一来，你就可以在它们晚上突然来袭，准备溜走之前，抓住它们。”在此，我想做点补充：“直觉就像寒冬用鼻子碰触你的睡袋的小鹿。不要因此惊慌，否则你会将它吓跑。”

在这一章中，我们将探讨如何凭借直觉解决问题。通过学习，你会明白直觉并非神秘莫测，而是一种可以后天习得的技巧。我会教你如何去获得这种技巧。

你是否拥有黄金直觉？

本节关键要点

◎ 善于应对模棱两可事物的能力，有助于你成为问题解决能手。

◎ 敢于犯错，不要责备为了创新而犯错的员工。

◎ 通过整合信息，培养你的直觉能力。

◎ 探究事物的真相，探究不到时，就接受一个模糊的事件。

◎ 必须承认你自己有时也会犯错。不仅如此，你也要允许你的员工或下属犯错。

对你来说，激发直觉或许是一件非常自然的事情，也可能需要花费一番周折。下面，让我们来进行一项黄金直觉测试，看看你的直觉如何。请回答以下 15 个问题。看看其中有多少与你的情况相符。

黄金直觉测试题

是　否　1. 我认为学习使用新电脑软件的最好方法是将它装入电脑，试用一会儿，然后再阅读说明书。

是　否　2. 我允许自己设定工作时间。因为我知道什么时候工作效率最高，没有必要每天都工作相同的时间。

是　否　3. 人们认为我的桌子很乱，但我知道东西都放在哪里。

是　否　4. 我自认为是个诚实守信、道德高尚的人，但有时还是不敢确信自己做的事情是否正确。但这很正常。

是　否　5. 当证据表明我应该这样决定时，我却有一种奇怪的感觉：不应该这样做。我常常按照自己的感觉行事。

是　否　6. 在没有找到某个地方的精确位置时，我一点都不着急。我会在大概到了那里之后，再问问别人。

是　否　7. 我喜欢解决问题，因为它给予我与可能性打交道的机会。

是　否　8. 我容易厌倦。

是　否　9. 我会倾听专家的建议，但并不会总是按照建议行事。

是　否　10. 我认识很多凭直觉做事的人。

是　否　11. 我喜欢小说，还喜欢纪实文学。

是　否　12. 多项选择题并不是非常有效，因此学生们应该多考虑论述性问题。

是　否　13. 没有人认为我是个吹毛求疵的人。

是　否　14. 预约对我来说是个约束。

是　否　15. 我喜欢冒险。

“是”答案总数 ________________________________

下面，让我们来看看结果分析：

12 个及以上“是”

你拥有 24K 的黄金直觉，建议你犹豫不决时凭直觉行事。

9 ~ 10 个“是”

你拥有 18K 的黄金直觉。相信你的直觉，但有时需要对其进行确认。

6 ~ 8 个“是”

你拥有铜质直觉。你有时会有良好的直觉，但是不可轻易相信它们。你需要以这本书为指导，进一步开发你的直觉。

0 ~ 6 个“是”

你拥有铅质直觉。你做每件事情都力求分析，几乎从不冒险。

这个黄金直觉测试目的和意义在哪里呢？它主要是测试你的本能反应甚至爱好，探索的是一个并非完全符合逻辑的世界。人类探索事物本质的潜能令人难以置信。如果你将一头奶牛放在田野里，它就会一辈子都待在那里，永远也不会去想山那边还有什么东西。与此不同，人类则会耗费数10亿美元，只是为了知道火星上是否有微生物。人类就是如此，总是想知道并且最终挖掘出事情的真相。

直觉能力的培养与你能否接受以下事实有着直接的关系：你有时可以理解为什么事情会如此，有时你却难以参透。

善于应对模棱两可的事物是问题解决高手必备的能力，更是成为成功商务人士的有效前提。并非每个问题都有完美的解决方案，所以要敢于犯错，并且允许你的员工犯错。

哥伦比亚商学院管理学教授乔伊·布鲁克纳(Jeol Bruckner)曾说："想证明自己是正确的这一欲望往往扼制我们的理性，蒙蔽我们的双眼，让你看不到计划失败的信号，让你误认为还会有好转的可能。"务必让你的员工知道可以犯错。强生公司如此成功，可能与其首席执行官詹姆斯·伯克(James Burke）最爱给公司员工讲述他早年创业的故事密切相关。

> 詹姆斯·伯克曾带头策划一个将儿童爽身粉推入市场的项目，但最后一败涂地。一天，董事长罗伯特·伍德·约翰逊把他叫到面前，对他说："你就是那个让我们亏了一大笔钱的人吗？"
>
> "是的，先生，"他局促不安地回答，以为自己将被解雇。
>
> "祝贺你，"约翰逊认真地说。"假如你犯了错，说明你敢于做决定，勇于冒风险。不冒风险，公司就不可能发展成长。"

纯粹的直觉如同精确的记忆。拥有它是一种幸运，生活也会因此倍加轻松。直觉是可以培养的，方法就是让大脑吸收海量的信息，并即时整合信息。如此一来，你就能够快捷地处理大量信息，并培养出专注力。最终，培养自己应对混沌局面的能力。因为如果你追求绝对完美，那么直觉也就无从谈起。

直觉是否已经过时？

本节关键要点

- ◎ 要想圆满解决问题，必须使逻辑和直觉相结合。
- ◎ 再多的分析，也无法取代经过训练后能够利用直觉的人脑。
- ◎ 想要降低出错概率时，请运用逻辑；想要产生创意时，请利用直觉。
- ◎ 直觉并非少数幸运儿的专利，而是任何人都可以习得的技巧。

在当今美国，无论从哪个方面来看，人们似乎都已经远离了凭直觉解决问题的时代，而醉心于依靠逻辑。这是一件令人遗憾的事情，因为这意味着我们抛弃了让我们变得伟大的东西。

人们不再依靠直觉解决问题的原因之一是，我们觉得它已经被以逻辑为基础的现代科学所取代。在西方社会，科学发现让人类取得如此大的成就，以至于人们不再那么注重直觉。

直觉依然可以当作解决问题的工具

如果说始于 17 世纪的科学发明当时还只是一条小溪的话，那么 18 世纪它就变成一条小河，19 世纪则已成激流，20 世纪和 21 世纪的第一个 10 年里更是成为滚滚洪流。进入新千年，凭借直觉解决问题的思想受到了更为猛烈的冲击。重要原因有两个 ：标志信息时代来临的万维网和企业规模的扩大化。

公司财务部可以在数分钟之内生成工资表，而且可以对上千个不同的内容进行统一修改。看看纽约证券交易所大盘变化的方式：尽管有线新闻网还是喜欢在交易现场做报道，背景里尽是上身穿着蓝色外套、手里挥舞着交易单的证券经纪人，但实际上以这种方式达成的交易几乎为零。现在，在交易所现场成交的股票买卖不足总交易的30%。数百万只股票都是在电脑上自动完成交易的，无需人工输入。那些超级电脑在1秒钟之内就可以完成数千笔交易。

电脑让股市“闪电崩盘”

当提及2010年5月6日那场“闪电崩盘”事件，股民们至今还是会摇头唏嘘。一台共同基金的电脑自动将一笔高达41亿美元的基金投放到市场，几分钟之内高频交易商的电脑便将它们疯狂买进。15分钟后，证券市场跌了600点。速度如此之快，以至于人们将这场事故称为“闪电崩盘”。从那以后，美国证券交易委员会启动了熔断机制，即单只股票急剧下跌10%时即自动停止交易。

在当今超级计算机能够以光速制定决策的时代，再高薪聘请一位经理闷坐在办公室里等着瞬间的直觉激发灵感，难道不是太落伍了吗？或许是吧。科学家也经常犯错。在过去的50年中支配科学思维的主流思想有两个，都与解决问题直接相关，但都被证明是错误的。

纯逻辑的科学思维可能是错误的

第一种是简化论。科学家们沉迷于这样的思想：如果他们能够知道宇宙最小单位是如何运行的，那他们就能了解宇宙万物。密歇根大学教授约翰·霍兰德曾解释说，这个想法就是通过分析最小的宇宙单位来了解世界和整个自然界。把一个个碎片组装起来后，将能解释整个宇宙的奥秘。

假如你想了解一只手表是如何工作的，这个办法也许行得通，但是自然界似乎没有最小单位。即便有，科学家看到的也只是宇宙的概貌，而不是最小的图像。无人知晓宇宙之外是什么。过去他们一直认为原子是最小的单位。然而，科学家们发现原子由质子、电子和中子构成。如今，他们则认为物质并非由包含着原子的分子构成，而是一个被称为能量的错综复杂的集合体。

第二种是普遍可预测论。普遍可预测论认为，任何事物均是可被预测的。依据是，计算机拥有令人叹为观止的信息处理能力，人工处理问题已成历史。早在 20 世纪 60 年代，科学家们就结合物理学的基本原理和计算机强大的计算能力，做出非常精确的预测。他们向天际发送太空探测器，并以无比的精确度计算出它的运动轨迹。一时间，他们可以建设机器人工厂，生产结构复杂或者体积微小的产品，并且几乎不出差错。因为，他们可以预测可能出现的问题并对其采取补救措施。

也就是从这个时候起，科学家们开始相信普遍可预测论，即只要能获取足够多的信息，再用大型计算机加以高速处理，就能免除猜测的必要。换句话说，计算机可以解决所有问题，并且不会犯错误。事实证明，他们确实有点异想天开。

因为他们之中有个人突然将思维从电脑中抽离出来，质疑道："假如事实果真如此，那么，我们为什么不能确知卡特琳娜飓风将摧毁新奥尔良？为什么没有预测到墨西哥湾的英国石油公司的钻井平台会爆炸？"科学家们恍然大悟：原来，有些事情是不可预测的。比如当他们试图作长期的天气预报时，肯定会出错。科学家们花费了 5 亿美元研发卫星和计算机，相信如此一来他们就可以解决人类面临的最大问题之一：难以预测天气。但事实证明，这完全是在浪费金钱。几天后的天气，你根本就难以预测。长远来看，任何与大自然或者人类相关的活动都无法长期预测。

只有融入直觉，逻辑才能正确解决问题

混沌理论认为，任何偏离常规的小事，都会被这一系统放大。比如说，一只鸬鹚决定在中国中原地区潜水捕鱼，那么这件事很可能会影响到纽约的天气。又比如说，得梅因市的一个女服务员对一位卡车司机报以迷人的微笑，将可能直接导致田纳西州的一家汽车制造厂关门大吉。当然，这取决于她的性感程度。

这就是为什么无论计算机多么高级精密，我们都不能让它取代人类做决定，或者完全相信符合逻辑的分析系统的原因。问题解决能手把逻辑当作解题工具，但是要想成为问题解决专家，你就必须适当融入神奇的直觉。假如你能做到这一点，那么你就能做出符合逻辑的决定。

接下来，我将告诉你如何分析问题，如何运用解决问题的逻辑工具。但是，千万不要忘记这个事实：再多的分析，也无法取代经过训练后能够利用直觉的人脑。运用逻辑能降低出错的概率，但凭借直觉能衍生创意。完全抛弃貌似过时的直觉，我们会错过发掘全新的、令人兴奋的解决问题的大好机会。

近年来，我们又开始从内心寻找解决方法。但我们能否重新发现直觉的强大力量，并让它继续为我们服务？毋庸置疑，直觉是一种神奇的力量。但是我并不认为只有少数幸运儿才能拥有它，而是任何人都可以习得的技巧。下面，我将教你如何通过学习获得这种技巧。

信息组块，快速推理

本节关键要点

◎ 当你持续关注问题或机会时，直觉才会出现。

◎ 大脑一次只能处理 7 条信息。超过 7 条，必须将其进行“组块”处理。

◎ 让头脑充满跟问题有关的信息，以刺激直觉的产生。

直觉，有赖于从海量信息中将各种互不相关的材料整合在一起，并投注于决策之上的能力。听上去，“组块”是一个古怪的术语，用以指示人脑储存信息的方式不是一条一条地，而是以打包的方式进行。尽管你同时被数百万条信息轰炸，但是一次只能轻松处理 7 条信息。

如果打过高尔夫球，你就会明白这一点。正确挥动高尔夫球杆，你需要记住 7 件事情。就我而言，将注意力集中在 7 件事情上是一件非常轻松的事情。我是这样想的：

(1) 放松。

(2) 低头。

(3) 上杆时，放慢速度。

(4) 不要挥杆过头。

(5) 击球。

(6) 左手紧扣球杆。

(7) 送杆。

如果这一回合没有打好，那我就会想些别的事情，比如身子不要摇摆，脚跟不要离地等。一旦每次思考的事情超过 7 项，那么这场球赛成绩就会一落千丈。原本我想关注所有的事情，但结果却不尽如人意。

优秀的汽车机械师总是会将汽车维修知识以组块的方式储存在大脑里。有一次，我的车听起来似乎就要散架了，我来到一家修理店。当时，我认定车子需要大修。但当我一边停车，一边作着最坏的打算时，修理师却说："只是发动机底座松了而已，10 分钟就可以搞定。"他甚至连引擎罩也没有掀开！假如他不是一位专家，他可能需要经过一系列的检查，才能得出同样的结论。

堪萨斯州一位饱经风霜的农场主坐在前廊，说："明天可能还会下雨。"但假如你问他何出此言，他却说不上来。唯一可以肯定的是，他早已将有关天气的知识组块储存在脑子里了。

那些直觉很发达的人，早已习惯熟练地对信息进行组块处理。也正因为如此，他们能够在瞬间处理大量的信息。因此直觉的关键在于：让头脑充满跟决策有关的信息。

表面上看，很多发明归功于直觉。但事实并非如此，实际上它们是科学家们通过对潜在信息进行组块处理后快速思考的结果。仔细阅读以下例子，然后判断它们到底是出自直觉呢，还是源于组块处理后的快速思考。

阿瑟·傅莱 (Art Fry) 有关"便利贴"的创意，最初是在参加教堂唱诗班活动时想到的。原本他只是为了寻找一种不会掉落的书签，而不是可以写字的纸条。幸运的是，他工作的 3M 公司鼓励员工相信直觉。公司总裁刘易斯·莱尔曾说，公司鼓励年轻的企业家获得灵感，并将其付诸实施。他认为，这就是 3M 公司赖以成长的核心。

当雷·克劳克 (Ray Kroc) 试图收购麦当劳兄弟持有的公司股份时，被他们的开价吓了一大跳。他们开价 270 万美元，如此一来，在缴完税后他们每人还能分得 100 万美元。

克劳克回忆说："我绝对不是一个赌徒，当时也没有那么多钱，但是脑子里总有那么一股直觉驱使我买下。我关上办公室的门，不停地咒骂，还将东西扔出窗外。然后打电话律师，告诉他我决定买下。"

无论当时多么痛心，这都是一个明智的决定。很快，他们的股份就给克劳克带来了每年 1 500 万美元的收益。

亚历山大·弗莱明（Alexander Fleming）曾经差点扔掉那些被霉菌污染的培养平板。但是，他偶然发现霉菌上环绕着一个透明的无菌圈。这种直觉驱使着他继续研究，最终在这种酶中他发现了一种即便稀释了 800 倍，还能抑制细菌生长的物质，这就是后来的青霉素。几年之后，弗莱明受邀参观一个消毒极其严格的现代化实验室。他的陪同人员说道："你没有在这样的实验室里工作，真是很可惜。否则，谁知道你会发现什么呢？"

"哦，肯定不是青霉素。"弗莱明大笑着回答。

表面上看，这些似乎都是直觉奇妙作用的极好例证。但其实，都离不开案例主人公丰富的专业知识，以及对知识的及时组块处理。

作为一名多功能搅拌机的代理商，雷·克劳克曾经去过无数家餐馆，以至于他能快速分析出麦当劳兄弟的优势所在。

研究葡萄发酵 11 年之后，路易斯·巴斯德才最终将葡萄发酵与空气接触两者联系起来。

整个职业生涯，吉列都在致力于寻求与推销一次性用品的人合作。

很显然，建议你先花 10 年或更多的时间变成自己领域的问题解决专家，然后再来培养直觉，这很不切实际。但是，你可以把与问题相关的信息输入大脑，以刺激直觉所需的条件。

激活右脑，强化直觉

本节关键要点

◎ 处于压力状态之下，右脑会自动关闭。所以，当事情没有进展而你又无计可施之时，不妨放松一下，以激活右脑直觉思维。

◎ 当右脑极度兴奋时，人会变得极富创意。所以，不妨看看足球比赛，接受培训进行慢跑等，可激活右脑。

◎ 持续做一些枯燥乏味的工作，也可激活右脑。

拥有黄金直觉的人通过信息组块能快速思考。他们是自己领域的专家，知道如何将海量信息组块。这样做，不仅能够改善短期记忆和长期记忆，而且可以增强注意力。

解决问题时，你通常无法短时间内成为自己所面对的问题领域的专家。但是你可以通过将与问题相关的信息输入大脑之中，模拟出那种解决问题所需的条件。

我现在教你如何通过关闭左脑，刺激右脑的方式，让大脑处于产生直觉的状态。

右脑凭借直觉制定决策，左脑运用逻辑解决问题

同时收到同样的信息，左右脑做出的决策方式却大不相同。左脑会以语言形式对其进行解码，运用逻辑决策；右脑则会依据情绪吸收信息，

凭借直觉决策。至于这些会对行为产生怎样的影响，人类依然还在学习和探索。

受左脑支配的人会产生“既视感”，也就是突然间对未曾经历过的事情或场景有种仿佛在某时某地经历过的熟悉感。简言之，是一种“似曾相识”的感觉。这可能是因为左脑比右脑抢先一秒传达某个影像所致。

旧金山大学心理学家本杰明·李百特曾指出，大脑要比意识提前 0.4 秒搜寻信息。此言并非猜测，他已用科学实验加以佐证。0.4 秒是极富意义的一段时间，本身足以解释什么是直觉。在左脑开始对某个问题进行逻辑分析前 0.4 秒，右脑已经开始处理这个问题了。只是有时，右脑会比左脑提前想到正确的解决方法而已。

通常，右脑比左脑更易或更先进入沉浸状态。当右脑处于兴奋状态时，会妨碍左脑的判断，不仅导致人口齿不清，而且降低他的问题解决能力。

通常，右脑比左脑入睡早，醒来迟。这也就是为什么入睡后，你会突然获得奇妙的创意点子。但当你早上醒来后，左脑就会尖叫着说：“你怎么会认为这么一个愚蠢的主意行得通？”

处于压力状态之下，右脑经常会自动关闭，它有着非常灵活的调整机制。左脑型工程师擅长突破逆境。他会说：“噢，飞船在发射时爆炸了？嗯，我们要继续研究，争取把它做得更好。”

而右脑型剧作家则会因为一篇恶评感到沮丧不已，然后跑去当一年的出租车司机。

处在压力状态下，创意头脑会失能，进而给解决问题带来许多麻烦。通常情况下，压力和问题的解决紧密相连。正当你最需要创造性的右脑时，它却锁上房门离家出走了。因此，在决策时，善于控制你的左右脑是圆满解决问题的关键所在。

大脑是左脑型还是右脑型，对解决问题的方式将会产生极大的差异。

左脑型的人擅长逻辑，喜好使用组织化的方法解决问题。他们会调查研究、列表、分析可能的解决对策，并对可能的选项进行评估。他们会调查研究此类问题是否有人曾经遇到过。如果有，他们就会去寻找已经证明有用的解决方案。

右脑型的人则相信直觉，喜好运用自己的感觉和别人的感觉来解决问题。他们也就是所谓的“冲上墙垛、爬上旗杆”的军团。他们会先试探性地将想法公布出来，以便观察大家的反应。他们虽然发现有人曾经遇到过类似问题，但还是会选择不同的解决方案，仅仅只是为了看看接下来会发生什么。

直觉是可以后天获取的技能

本节关键要点

- ◎ 知道如何深入了解大脑最深层，你也能学会发掘并培养直觉。
- ◎ 关键在于关闭擅长逻辑思维的左脑，让善于创意的右脑接管工作。
- ◎ 你可以通过两种方式发现并培养直觉：刺激脑波或放松脑波。
- ◎ 学习通过重复性动作或思维，让左脑厌倦进而关闭。
- ◎ 学会利用兴奋性事件或活动刺激右脑。
- ◎ 销售人员可以利用关闭客户情感的右侧大脑达到销售目的。

直觉能力的大小，取决于你对大脑最深层的了解程度。强行关闭擅长逻辑思维的左脑，让善于创造性思维的右脑发挥作用，有益于培养直觉能力。因为凭借这种方式，你会做好接受直觉的心理准备。

令人惊奇的是，你可以通过两种不同的方法完成这项工作：刺激脑波或者放松脑波。处于高度兴奋状态时，右脑就会占据主导统治地位，你也会因此变得更具创造力。

在足球比赛、促销大会和啦啦队表演中，这种情况经常出现。同样，慢跑和其他类型的运动也能让你保持高度兴奋的状态。因为这些运动能加快血液循环，将富含能量的糖原源源不断地输送到大脑。

反之，放松脑波的方法也非常奏效。处于放松状态时，右脑同样占据主导统治地位。无聊的流水线工作会关闭左脑，让人开始神游。这也是催眠术的原理所在。他们利用钟摆或者节拍器让你的左脑关闭，以呆板单调的声音与你谈话，然后将建议植入你的右脑。

律师也经常采用这种方法。他们让证人连续两三天一个接一个地回答问题，进而让证人的左脑因此变得迟钝。如此一来，右脑便接替了左脑的工作。于是，证人就会不自觉地说出一些他们无意透露的情况。

右脑善于创造性思维

我曾经参加过一个为期 4 天的研讨会，就运用了关闭右脑的方法。

闭关 4 天用 400 美元换一个建议

我们坐在酒店的会议室里，聆听培训员用低沉的声音滔滔不绝地讲课。身处这样一个被高度控制的环境之中，我们除了遵守他们制定的严苛规则之外，不能做任何其他事情，甚至不能上厕所。更重要的是，我们也不能质疑培训员的观点。他们设计这一切的目的，是为了抑制我们的创意能力。我们之所以委身其中，是因为他们不断向我们保证，等到第 4 天我们肯定会“有所收获”。

最终，我们的所得就是 B.F. 斯金纳的理论。他们让我们不用为生命担忧，因为我们受到经验的强力制约，所以无论我们想做什么，我们总是会按照预想的程序做出反应。对此，他们的建议是放松，一切顺其自然。听完这个出乎意料的建议外，其他听众以热烈的欢呼表示接受，然后带着 400 美元的投资换来的兴奋离开了会议室。而我，从中收获的只是腰酸背疼。

一旦注意到这种现象，你就会发现生活中有很多左右脑转换思维的小例子。例如，分析一下有流浪汉向你乞讨时，你是如何做出决定的。我在穿过城市的贫民区时，会在口袋里放上一些零钱。如果有乞讨者向我走来，我不用掏出钱包就能献出爱心。有一次，在芝加哥市中心一名乞讨者问我能不能给他 20 美分时，我的右脑立刻想到了口袋里的一张 1 美元的钞票。但这时，负责逻辑思维的左脑立刻插嘴说："你要 20 美分，干什么呢？"正如所有业务员都会告诉你，有困惑就拒绝那样，我没有给他钱，就走开了。

对请求施舍的反应，只是体验左右脑转换众多例子中的一个而已。一旦你关注这一现象后，你会发现自己随时都在体验。厌倦和重复会束缚住左脑，让右脑处于支配地位。

左脑擅长逻辑思维，但缺乏足够的想象力

如果身处害怕或恐惧心境之中，那么你最好还是关闭右脑，让左脑接管一会儿，因为右脑喜欢夸大危险。

关闭左脑，克服蹦极恐惧

有一次，儿子德怀特说服我去玩一次蹦极。在当时的加利福尼亚，蹦极非常流行。在这种活动中，你首先要爬到高处，用弹性绳索拴住脚踝，然后纵身跳下，一头扎向地面。

蹦极所用的绳索长 30 米，是军队跳伞进入战区时所用的那种绳索，极具伸缩性。在活动过程中，你先自由落体 30 米，之后绳子的弹性会再让你下降 30 米，直到身子几乎碰到地面。然后，你会被弹回空中，接着落下，然后再次反弹。现在回想起来，我觉得这仿佛是独角兽在玩跳蛙游戏。但我还是站上跳台，高高地站在半空中。往下看，那里的人群如同蚂蚁一样。听着风从身边呼呼刮过，恐惧就像老虎钳一样紧紧揪住我的心。我开始不由自主地想道：假如在刚才来时的路上，我因车祸断了双腿就好了。

如果他们让我站在平台上，然后说："只要你准备好了，走上前，只管往下跳就好了。"那么，我很可能会纹丝不动站在那里。我甚

至可以感觉到我的右脑的想象力接管了思维。于是，我的眼前浮现出绳子崩断，甚至眼睁睁地看到自己被撞得粉身碎骨的场景。

这时，必须关闭创意的右脑，将注意力聚集在地面上的所有其他的蹦极者身上来。他们正在下面抬头看着我，对着我倒数着："5！4！3！2！1！"瞬间，将注意力集中在倒数上的左脑强行关闭了右脑。于是，我不再想象可能发生的一切，而将注意力集中在必须要做的事情上。

当倒数到"1"时，我双手握住脑袋，膝盖弯曲，然后一跃跳入空中。

其他蹦极者的倒计时具有神奇的作用，能关闭人的右脑，让左脑接管工作。由于擅长逻辑思维的左脑缺乏足够的想象力，不能想象出可能发生的可怕事情，所以我跳了。唯其如此，我才能勇敢跳离那个高台。

情感能够促销，但有时也会引发滞销

通过刺激客户的右脑思维而达到销售目的的销售人员，就是最典型的例子。但是，有时你需要反其道而行之。

举个例子，房产代理商经常会列表记录那些因居住多年而对所住房子产生浓厚感情的业主。不幸的是，对于房产代理商而言，这些人对新房子的要求没有那种情感依附，所以他们必须关闭这些人的右侧大脑，把他们带回逻辑世界。

这时，房产代理商首要做的事情，就是把销售的房产称作"房子"，而不是"家"。但实际上，房地产行业术语却通常将人们买进的房产称作"家"，卖出的房产称作"房子"。

稍加练习，你会发现自己很快就能控制左右两侧大脑的思维活动。当你能够做到随心所欲时，你也就离凭借本能激发灵感的时刻不远了。

与问题保持适当的距离

本节关键要点

◎ 远离问题，实际上是远离了你为解决问题而预设的所有参数，从而打破条条框框的束缚、找到解决问题的方法。

◎ 当精神恍惚、精力溃散、遭遇失败、易怒、压力重重时，请休息一下，停止思考，与问题保持一定距离。

◎ 学会自我放松，降低心理噪声，以引发直觉，更快更好整合信息。

培养直觉思维的下一个步骤是：置身事外。如此一来，你会对问题有着更加清晰的认识。早在很久之前，一些伟大的思想家就发现了从精神上置身问题之外的价值。

远离问题反而解决了问题

托马斯·爱迪生曾以白天打瞌睡而闻名，他解释说这可以使他的思维更具活力。当一场火灾把他的胶片生产厂夷为平地时，他遭受人生中最大的挑战。这家企业是他当时唯一的经济来源，也是实验室运转的唯一经济来源。据他的儿子查理回忆，大火刚一得到控制，他就宣布将重建企业。但略加思索后，他又补充说："噢，顺便说一下，有谁知道我们可以从哪里弄到钱吗？"见没有人回答，他便脱掉外套，卷成枕头，在桌上呼呼大睡。

无独有偶，许多伟大的直觉灵感都源自从身心上置身事外。

法国海瑟（Hycel）公司创始人约翰·墨兰曾经花了几个月的时间设计自动血液分析仪而未果。最终他放弃设计，出去度假。但第二天在度假酒店醒来后，他的脑海中清晰地浮现出了梦寐以求的设计方案。于是，他立刻将它画下来，然后飞回家制做出样机。14 年后他以 4 000 万美元的价格将公司卖给一家德国联合企业。

离开，尤其是到国外去，可以远离你为解决问题而预设的所有参数。当身处工作环境中时，你就会被行业的条条框框所束缚。

正如人们会在热带做一些他们在家时想都不会想的事情一样，思想中所有的束缚在异国他乡都将荡然无存。我做过的最明智的一次买卖决策，就是坐在南太平洋中塔希提岛的海滩上，越过静谧无漾的大海、远眺奇幻的波拉波拉岛时所做出的。此外，当我在秘鲁或者厄瓜多尔心不在焉地逛马路市场时，脑海中经常会闪现奇思妙想。让身体脱离问题的藩篱，有助于降低你的焦虑程度，有益于保持镇静，重拾信心。更重要的是，它还能让你因混沌而萎靡的大脑恢复生机。

当然，你没有必要为了远离问题而飞往塔希提岛。你完全可以把自己关在办公室，不接任何电话，就能远离问题。

远离问题的时间可能极其短暂。我相信，你一定有过拼命回想一个名字的经历。当你不再想它时，它倒突然从你的脑海中冒出来。

好吧，眼下你可能正需要解决一个大问题，却不知道是否应该继续努力寻找解决方案。这时，你也许应该像贝多芬找不到灵感时所说的那样："今天什么也想不起来，换个时间再说吧"，远离问题。

当一个似乎并不完美的方案重复出现在你的头脑中时，也就是你应该远离问题的时候。此外，当你精神恍惚、精力难以集中或者遭遇挫败感时，也应该和问题保持距离。

还有一些时候，也必须拉响远离问题的警报。比如说，当你易怒、身心俱疲或者压力重重、弄不清楚自己在想什么的时候。这些都是让你稍作休息的信号，这时你需要做的是调整一下自己的身心状态。

一旦从问题中抽身出来，那么无论是在塔希提岛的海滩，还是在门窗紧闭的办公室里，你都需要诱发直觉思维。这是培养内心沉静的时候，因为内心沉静的核心就在于心无旁骛。不妨做做以下练习：

> 闭上眼睛、眼球轻微上转，直到感觉他们轻轻触压视神经为止。极力保持静止，开始想象右脚趾上的肌肉。放松肌肉，让其像一团橡皮筋。然后换左脚，重复同样的动作。逐渐地往上移到双腿，在内心上放松每一块肌肉。让全身充满这种放松平静感，直到肩膀和脖子的肌肉开始放松。然后将这种状态移至大脑，直到思维停止跳跃，进而整个人处于安静状态。

这个小小的练习旨在减少心理噪声，减少刺激。低刺激会关闭左脑，刺激右脑。所谓“心理噪声”，是个心理学名词，用来描述那些完全来自记忆的思维和图像。因为它们带着先入为主的观点。

这是一个有趣的悖论：激发直觉是一项艰难的工作，但是你越是努力，直觉却越少。然而当你远离工作时，直觉却出现了。“我从未听说过完全摆脱记忆的想法。”哈佛大学教授、《大脑的佳作》（*The Mind's Best Work*）的作者柏金斯博士如此说。

直觉是一种能力，它关系到你能否将储存在大脑中互不相干的信息进行有效整合。正如我在前面所提到的那样，专家之所以能应对各种复杂的难题，是因为他们能将信息进行有效的组块化处理。同样，你也可以通过学会抑制左脑的方式，让右脑接管工作。降低心理噪声可以引发直觉，帮助你更好、更快整合信息。问题解决高手就是将左脑的逻辑思维与右脑的创意思维紧密结合在一起。最后，再回到你的左脑上来，运用逻辑验证你的直觉。

水平思维：直接跳到结论

本节关键要点

- ◎ 当你所在行业中的所有人都在往一个方向想时，你可以尝试往相反方向思考。
- ◎ 敢于质疑习惯思维。经常问自己，为什么每个人都这么想？如果大家都错了，结果会怎样？
- ◎ 通过审视问题产生的环境来寻找解决方法，而不只一味盯着问题本身。
- ◎ 想象自己已经找到了正确答案，但应朝积极正面的方向想象，而不要朝负面消极的方向想。
- ◎ 设想你的所有假设都是错误的。如果你设想的所有阻力都不存在，你的计划顺利实施了，结果又会怎样。
- ◎ 问自己：如果我根本不会失败，我又会作怎样的选择？问问自己：如果我能够创造奇迹，我又将如何解决这个问题？
- ◎ 想象自己找到了想要的方案，然后从方案开始往前推想，看自己是如何想到这一方案的。
- ◎ 将自己"转换"到另外一个时空，或者"转换"成另一个人，可以放下一些旧观念，产生新灵感。

当你双手抱头，坐在办公桌前为某个问题痛苦不堪时，我可以大胆推测你一定没有意识到还有某个未注意的选项，某个地方一定藏着你正在寻找的答案，只是你暂时还未发现而已。

要想找到这个不知所踪的答案，你必须进行创意思考。我将指引你经过一系列的步骤，帮助你拥有更多选择。即使你已经找好答案，甚至是一个似乎很完美的答案，你仍然有必要经历这些步骤。一旦解除了压力，找到了可行的对策，你的创造性思维能力就会得到释放，很可能会寻找到更好的解决方案。通常而言，第二个解决方案更具魅力。

创造性思维的研究专家经常会谈到两种思维，即垂直思维和水平思维。所谓“垂直思维”，是一种传统的思维方式，它侧重一步步推导，直至得出结论。水平思维则不同，它旨在激发大脑的跳跃性思维，不需要以原有的思想为基础。这种新的思维方法可以不必经历中间步骤，直接跳到结论。

接下来，我将带你体验右脑创造性思维的 10 个方法，并教你如何做到这一点。

我们可以把这 10 个引发创意思考的方法当成白日梦训练。

一位效率专家曾经告诉亨利·福特，他应该开除一位经理，理由是：“我每次经过他的办公室时，都看见他双脚搭在办公桌上，呆坐在那里。他完全就是在浪费你的资金。”福特却回答说：“那个人曾经提出一个想法，为我们节省了数百万美元。那时，我想他的脚就放在现在那个位置。”

不幸的是，我们生活在一个以机器思维为荣，以人类思维为耻的时代。为了生发创造性思维，我们必须学会做白日梦。我曾经提及过关闭左脑，让右脑统治思维活动的方法。接下来，我将向你详述 10 个扩散右脑思维，产生创意的方法。

从问题的对立面思考

创意思考的第一个方法，是想象事情的反面。要做到这一点，方法有很多种，其中一个方法是目标倒置。新英格兰的一家批发商店就曾运用这一方法，并且相当成功。

我是在培训他们的客户如何进行更好的谈判时，了解到这件事情的。当时，他们面临员工订货的速度差强人意的不利局面。很显然，最有效的解决办法就是实行更多的监督，如此一来，工人们就能加快速度。但是他们没有这样做，而是将目标倒置，完全不考虑监督一事。他们是如何让员工加快工作速度的呢？那就是对员工进行物质刺激。

当然，这需要建立一个系统，其中每个团队成员都会监督其他成员的表现。因为通过竞争，他们就可以获得挑选工作时间以及其他额外津贴的机会。公司决定尝试一下。结果证明，这是他们制定过的最好的一项措施。原本付给监督员的工资，他们拿来用作对员工的奖励。结果，生产效率和员工道德水准双双得到提升。

在这个案例中，并没有从问题的正面即“监督员工”寻找解决办法，而是从其反面“不监督员工”或者说“奖励员工”着手处理问题。

再举一个通过目标倒置方法获得奇效的例子。

解决交通堵塞的安全摩托车

我生活的洛杉矶，交通堵塞问题十分严重。据人口调查局局长路易斯·金坎农反映，人们上下班的平均时间已经增至53分钟。通常等你好不容易找到一个停车位时，已经浪费了2个小时。负责高速公路管理的加利福尼亚运管局认为，拼车是解决这个问题的有效对策。他们认为假如每辆车子都塞进五六个人的话，那么所有交通问题都将会消失得无影无踪。

高峰时段，只要在洛杉矶的公路上开半个小时车，你就会发现这样做行不通。95%的车里只有一个人。表面上看，若想开进拼车专用道，你只需让第二个人上你的车就行。但是在5%的拼车车主中，只有极少部分会邀请陌生人拼车。这就意味着，拼车专用车道根本无法改变他们的出行习惯。由于拼车专用车道的利用率过低，他们只得允许混合动力汽车使用这些车道，借以鼓励大家使用更清洁的环保汽车。

假如我们将目标倒置一下，看看是不是可以让几个人共乘一辆汽车或少开车？首先，可以使用更小的汽车。还有什么车比汽车更小呢？嗯，摩托车。如果每人都骑摩托车上班，那么我们的交通量就会减少一半。一夜之间，我们的交通能力也就能增加一倍，更别说解决什么燃料危机和污染问题了。这是有点过于极端，但是我们现在就可以在路肩增加摩托车道。可是，摩托车很不安全。那么，我们为什么不研发一种更安全的摩托车呢？一台四周带有防护罩、既可以遮风挡雨又能提供更多安全保护的摩托车呢？

在 2010 汽车创新大赛上，瑞士 Peraves 公司生产的“探索者”获 250 万美元奖金。“探索者”是一款用凯夫拉玻璃纤维完全包裹起来的汽车，也是一款油电混合动力车，行驶 320 公里，只要 3.8 升汽油，且最高时速可达 320 公里。它比普通汽车长 1 倍，里面有 2 个圆形座椅。虽然它的目前定价偏高，但是如果批量生产，成本下降的话，将极大解决所有交通问题。

现在，你知道目标倒置法，是如何激发创造力进而找到解决方法了吗？

如果你正在寻找的对策，目标是要尽快增加利润，那么假如你将目标倒置，把它看成尽快赔钱的事呢？你应该怎么做？通过寻找赔钱的方式，或许你能发现利润流失的漏洞。

你肯定对联邦快递公司如何起家的故事娴熟于心。弗雷德 · 史密斯（Fred Smith）想创建一家企业，主要经营业务为 24 小时内将信件和包裹从一个地方送达另一个地方。众所周知，两点之间直线最短。但弗雷德却试着将目标倒置，思考直线的相对状况。最终，他决定先将所有邮件运往他的家乡孟菲斯，然后再将它们分别运出去，联邦快递由此诞生。

现代社会，不断增加的噪声已成祸患。多年以来，科学家们一直为噪声问题所困扰。他们试图将治理重心集中在如何阻隔噪声，减少到达人耳的声波上。后来，有人尝试反其道而行：假如增加噪声的声波，而不是减少，会怎么样？这个主意看似荒谬，但是他们还是进行了尝试。结果，他们的发现非常有趣。如果复制某种噪声，那么两组声波就会相互抵消，人耳也就不受噪声所扰了。

基于此，科学家们发明了一种既可以检测噪声，又可对其进行数字化处理，还能对其进行复制的装置。这种装置具有极佳的性能：两种声音可以相互抵消，于是听到的就只有寂静。这种设想最终促成了消声耳机的诞生，许多经常飞行的人都会使用它。我就是那种如果忘记戴 Bose 耳机，就会不知所措的人。过去我经常纳闷：为什么东西海岸之间的飞行总是让人那么疲倦。你坐在那里，明明什么事情也没做，但为什么会身心疲惫呢？答案就是噪声。有了消声耳机，飞行便成了一件乐事。如今科学家们正在研发一些装置，一些可以装在汽车尾气管、割草机、吹叶机以及其他的噪声源上，使它们变成悄无声息的装置。这是不是很伟大的事情呢？

另一种目标倒置方式，是逆向投资思维。当你所在的行业里所有人都朝着一个方向思考时，你就开始朝着相反的方向思维。吉列公司在市场上出售的刀片中，60% 是“1 美元 10 片”装的一次性刀片。但他们没有因此推出更便宜的刀片，而是力推“感应式剃须刀”。现在，这种“感应式剃须刀”的销量比市场上卖得最好的剃须刀还要高出 25%，这无疑是一个巨大的成功。现在，吉利公司销售的“融合强力剃须刀”，售价为 28.99 美元。

对于传统智慧，永远要持怀疑态度。为什么人们都这么想？假如他们错了，又会怎样？

检查问题出现的环境

创造性思维的第二个方法是，检查问题出现的环境，而不是问题本身。

“星球大战”让前苏联造不起核弹

当前总统里根入主白宫时，他发现自己接手的是一个疯狂的世界。

自从前苏联开发出洲际弹道导弹系统之后，我们便依靠这项政策以避免地球毁灭。该政策的核心是：假如你攻击我们，我们将会以足够的火力回击并摧毁你们。多年以来，为了维持平衡，双方不断增加核弹头的数量。

到了 1981 年，两个超级大国看上去就像站在充满汽油的游泳池两侧的两群人。双方都储备了大量的打火机，并威胁对方要点燃汽油，同归于尽。

当时的乌干达总统伊迪·阿明（Edi Amin）严肃提议，联合国应该禁止所有常规武器，支持将价格低廉的氢弹均衡地分布在世界各地！

但里根总统根本没有关注这个问题，而是将注意力集中在问题赖以存在的环境上。他发现这个问题之所以存在，是因为前苏联可以承担得起持续建造核弹头的费用。怎么做才能让他们说“我们再也造不起了”呢？最终，里根总统想到一个高明策略，那就是“星球大战”。这是一个反导系统，在导弹击中目标之前将其击落。

在培养孩子方面，关注环境而非问题本身的做法也具有非凡的价值。假如你有 3 个孩子，其中的一位极有可能会让你倍感挫折。不要因为他们而痛苦不堪，开始审视和关注他们生活的环境吧。他们与哪些人一起在一起玩？他们在读什么书？他们看什么电影？他们给什么人发短信？他们都上哪些网站？这才是你可能找到的解决方法。

想象自己已经找到正确的解决办法

创造性思维的第三个方法是，想象自己已经找到完美答案。对你来说，想象似乎有点陈旧，但是它的功能却不容忽视。“你会成为你心之所想的那种人。”我的偶像，励志演说家南丁格尔如是说。

想象法的确行之有效，但是在充满压力的解决情况下，我们想象到的可能是负面的结果。我们想象的不是正确决定带来的好处，而是错误决定将会带来的惩罚。

在英语中，有 43 个描述错误的词语，我想它们就是最好的例证。它们是：

偏差、差错、过失、疏漏、大错、小错、胡诌、贻误 、错乱、错觉、缺点、糟糕、失当、缺陷、失礼、假象、错误、轻视、偏离、误算、误释、谬见、曲解、误判、误印、误述、误解、过错、失足、混淆、糊涂、忽视、疏忽、低估、高估、失察、谬误、藐视、忽略、疏失、混乱、失误、失态。

但是却没有一个描述错误的反面，即正确行事的单词。我们是如此的关注负面结果，难怪我们解决问题时会困难重重！

用在处理与人相关的问题时，我发现想象法尤其有效。如果要去见一些人，我认为他们可能会反对我的提议，那么我就会使用这种方法。我不是为可能的冲突痛苦不堪，而是关上办公室的大门、闭上眼睛，想象着他们激烈反对我的建议时的情景。正如我不知道飞机是如何运作，却还是能够飞到纽约一样，虽然我不知道这种方法的工作原理，但是它却具有神奇的效果。我只知道，当你将那些仁爱和鼓励的想法投向世界时，它们不仅不会消散，反而会不断流通。预想人们对你建议的热烈反响，是一股极其强大的力量。

设想你的所有假设都是错误的，寻找更多的备选

创意思考的第四个方法是，想象你制定决策时所有假设都是错误的。

每个销售人员都认为买方总是希望少付点钱。在销售训练课上，我却提出了不同的看法。我认为美国人很喜欢做的一件事，就是花钱。这一点，美国人比地球上其他任何人都表现得明显！而比花自己的钱更好的事情，就是花公司的钱。那些买家不怕多花钱，但是你必须做好两件事情，那就是让他们知道为什么应该付更多的钱。让他们确信无论进行何种艰难的尝试，他们都不可能获得比这个更好的交易。

最近，我去香港为我的书做宣传，这本书将在中国发行简体版。在 LV 精品店门口，我看到人们排着长队，等着进去花 3 000 美元购买一个皮夹。

队伍如此之长，店家不得不雇佣保安维持秩序。现在谁敢告诉我，这些人喜欢便宜吗？我的朋友亨利·霍什在北卡罗来纳州格兰威尔拥有一处维多利亚风格的别墅，他将它改建成一座漂亮的简易旅馆。他认为我会过去免费住宿，但是事实并非如此，我宁愿花钱，因为我希望他依然欢迎我。

以一家员工人数增加，但停车位却不够的公司为例。他们会假设员工将表示不满，因为每个人都想将车停在离自己工作地点近一点的地方。先假设他们的假设是错误的，人们不是想把车停在离上班更近的地方，而是停在尽可能远的地方。表面上，这听起来很荒谬，但是顺着这种想法，你会明白人们根本就不想开车上班。如果你能派车接送他们上下班，他们会更加高兴。于是，用车接送上下班员工的想法由此诞生。

想象你的假设都是错误的，可以让你远离那些显而易见的解决方法，进而寻找到更多的选择。

达到目标之前，不排除任何可能性

创造性思维的第五个方法是，假如你知道你不会失败，你会怎么做？假如你能够创造奇迹，你怎么解决问题呢？当我年轻、自认为无所不知的时候，我认为设定不切实际的目标会适得其反。因此假如你重达 136 公斤，你就不应该梦想当一名赛马骑手。但是现在，我不再那么确定了。因为如果按照这种思维方式，盲人登山者艾立克·魏恩梅尔 (Erik Weihenmayer) 将不可能登上珠穆朗玛的顶峰。

“假如……那……”的思维方式绝对令人着迷。假如我们不必运送货物，但我们可以像电影《星际迷航》(*Star Trek*) 里的斯多克那样定向发送的话，那会怎么样？或许正是这样的想法，才激发了亚马逊研发出 Kindle 阅读器，苹果公司开发出 iPad 的灵感，最终使图书销售发生了革命性的变化。

正是借助“假如……那……”这种思维方式，爱因斯坦发现了相对论。他说：“假如我能够以光速从 A 点到达 B 点，那会如何？一方面，位于 B 点的人们能够清楚地看到我和他们在一起，但另一方面他们回头看 A 点时，我还在那里。因为我是以光速在移动，所以我看似还没有离开 A 点，其实已经在 B 点了。”正是基于这个“假如……那……”的假设，爱因斯坦提出了相对论以及时间的非线性理论，即所有时间都在一瞬间发生，我们之所以把它理解成一个连续的事件，是为了更好地理解它。

虽然我们不是爱因斯坦，但同样可以让“假如……那……”的理论改变生活。

低价也能入住豪华套房

过去，我常常受限于力所能及的事情。例如我外出到一个地方，会根据自己的经济能力选择一家酒店。有一天，我开车从巴黎到日内瓦。我知道日内瓦是全世界消费水平最高的城市之一，所以我认定酒店房间的价格肯定非常昂贵。但之后我开始设想，假如抛开钱的问题不说，我应该住哪里呢？想了半天，我觉得自己应该入住那家滨湖奢华大酒店，选择那间位于拐角处、带有两个露台的套房。假如我知道自己一定能够说服酒店前台服务员减价，那又会怎样？但前提是我得挑选好一家酒店，然后计算应该付多少钱才好。很幸运，前台服务员来自英国。我们开始友好交谈，最终他以低价将那间房子安排给了我。

从那时起，我开始彻底摒弃将度假限制在经济能力承担范围内的想法。取而代之的是，“世界上有哪些地方是我想去的？到了那里之后我该干些什么？”做好决定之后，我便开始计算我想为此付出多少金钱。

对你来说，这看起来只是一个小小的思维变化，但你的生活方式却将因此发生惊人的变化。

就解决问题而言，我们的思维大都会受到已有参数的限制。在你假设能够创造奇迹，达到目标之前，不要排除任何可能性。

巧妙利用榜样制定决策

创造性思维的第六个方法是，借助一系列的角色模型来制定决策。

所谓“一系列角色模型”，指的是你视之为榜样的人物，但是他们并不知道你把他们视作榜样。在演讲界，有几位我非常崇拜的人。每当需要制定决策时，我都会想到他们。我从来不给他们打电话，他们也从来不知道。因为，我只是把做好的决定“丢”给他们。令人惊奇的是，每到关键时候，他们都会告诉我这样做很傻，让我多次避免了愚蠢的错误。

更令人惊喜的是，借助角色模型测试，我多次顺利地找到了创造性的解决方法。例如，我好几次都面临似乎不大可能的旅行计划。

收到两个同时进行的演讲邀请，我该怎么办?

有一次，有人邀请我去夏威夷的茂宜做演讲。与此同时，有人邀请我第二天为佛罗里达州奥兰多市的一批人演讲，并承诺一大笔演讲费。于是，我打电话给旅行社咨询航班旅行事宜。工作人员告诉我两个计划不可能同时如期进行，因为飞往奥兰多的最后一个航班是下午 2 点从毛伊岛起飞，根本赶不上第二个演讲。

听完他们的解释，我便开始在脑海中借助角色模型来研究问题决策。我想 :“对我的角色模型来说，这根本就不是一个问题。因为，他完全可以租一架私人飞机将他送到那里。这个钱我付不起，但是有没有可能某家企业专机上还有空位。可以让我搭乘呢? 或许，奥兰多一家公司的飞机刚刚从西海岸飞过来，可以载我一程。还有一个可能就是，我的角色模型根本就不把它当回事。因为，他有足够的影响力可以更改其中一个演讲的日期。我还没有和那家公司谈过这种可能性，但是或许我应该跟他们谈谈。

或许，你在内布拉斯加州的工厂遇到了安全问题。处理这类问题，你的角色模型是华盛顿的联邦调查局局长。借助这个模型制定决策时，你可能会想到："当然，他不会遇到这种问题。即便遇到，他也只会拿起打电话，打给内布拉斯加州的检察长，让他处理。"以此为指导，你可能会继续想："等等，为什么我就不能打电话到内布拉斯加州检察长的办公室呢？也许，我不能和他说上话，但是我总能和那里的人对上话吧。"

麦当劳与达美乐比萨的对话

汤姆·莫纳根将500美元的投资，变成价值4.8亿万美元的达美乐比萨饼连锁企业，他就是以麦当劳的创始人雷·克罗克为角色模型。直到他功成名就，每年销售额达2亿美元之后，他才有缘见到克罗克。一见面，雷·克罗克对他说："我想给你一些建议。现在，你成功了。你可以做自己喜欢的事情，赚到花不完的钱。放慢脚步，不要操之过急。每年开上几家分店，但是一定要小心谨慎，安安稳稳地做生意，不要做任何可能让你陷入困境的新交易。"

最后，莫纳根终于忍不住说道："但是克罗克先生，如果这样的话，那将毫无趣味可言。"

听完他的话，克罗克猛地从桌子后面跳了起来，拍着手、张开大嘴笑着说："这正是我希望你说的话！"

充分调动潜意识，有效找到问题的缺失环节

创造性思维的第七个方法是，逆向思维。利用这种方法，你想象期望的解决方案，并往回想，预想将如何找到这一方案。这是一种极好的方法，可以将你的潜意识充分调动起来。

利用这种方法，你可以非常有效地找到问题的缺失环节。是什么导致这个问题的产生？怎样解决这个问题？

多年前，我在一家商店做商品经销经理时，遇到了盗窃问题。经验老

到的小偷不仅知道如何接近门边的衣架，一把扫下一堆衣服，而且能够迅速地在你还没回过神之前逃出商店，跳上接应的小货车，扬长而去。速度如此之快，以至于我们根本没有机会记下他们的车牌号，也没有记住他们的长相特征。当然，我们可以关上店门，但又想让顾客有宾至如归的感觉。后来，我们终于找到了事情发生的瞬间，我们未能做出反应的那个缺失环节。然后，我们想："我们如何才能拖慢他们的速度呢？"最后，我们想到一个解决办法：将衣架上的衣钩交替反方向悬挂。如此一来，扒手再想一把扫下一堆衣服时，就不可能得逞了。

脱离问题本身，从适当的角度看问题

创造性思维的第八个方法是，从另外一个角度看问题。有时我们距离问题太近，压力太大，以至于看不清事情的真相。

在我办公室的墙壁上，悬挂着一幅很大的海报。海报上，画着几颗栩栩如生的星球。在图面的一侧有一颗巨大的太阳火球，然后由近及远依次延伸的是：水星、金星和蓝白相间的小行星地球，最后是火星、木星、土星、天王星、海王星以及冥王星。在蓝白相间的地球下面，有一个指示标志。上面写着：你在这里，只是为了让我看清一切！

神游是为了远离问题

当面对问题时，我喜欢让自己脱离问题，神游到我最喜欢的某个地方去。我想象着自己搭乘火车，到达可以俯瞰香港全景的太平山顶。我乘坐的火车不是现代化的火车，而是我 1960 年第一次去那里时乘坐过的旧式火车。来到山顶的"凌霄咖啡馆"后，我要了一杯咖啡，边喝边眺望窗外的美景。我就是在这里坠入爱河的，甜蜜的记忆依然萦绕在我的脑海。远处曾是名为"香港仔"的恬静小渔村，如今已是高楼林立。

许多年前，我和我的新女友沿山路步行去过那里。在一处瀑布前，她停下脚步和几只蝴蝶嬉戏。而我也想表现一下，便去攀爬瀑布，但一不小心脚下一滑，把头给磕破了。我飞快跑回她的身边，血流不止。不过我更关心的是她会不会原谅我这次愚蠢的行动。沿着铁路，我们匆匆忙忙跑到那个“香港仔”渔村把伤口缝好。想着想着，我下意识地摸了摸额头上的伤疤。

时光飞逝，这个伤疤已经跟了我50年。我的心灵之旅带着我穿越海洋，穿越几十年的时光。它引导我以适当的角度看待自己的问题，即使我只是在头脑中做了一次旅行而已。

适度“散焦”问题，挖掘意外商机

创造性思维的第九个方法是，“散焦”问题，即不要将注意力过度“聚焦”在某个问题之上。因为，“散焦”和“聚焦”同样重要。

从创作一本书，到创造一家年产值8亿美元的企业

玫琳凯·艾施（Mary Kay Ash）从来没有刻意想要开办一家化妆品公司。她从事按商品目录进行零售的简单二作，然后她着手写一本书，意在帮助那些像她一样受剥削的妇女克服遇到的障碍。

但是她不知道从何写起，于是她开始罗列生意场上妨碍妇女发展或有助于妇女成功的种种因素。不知不觉中，她已经为玫琳凯化妆品公司制定好了营销策略。她凭直觉避开了生意上的所有陷阱，把握住了所有机会，创立了一个年产值8亿美元的企业。

假如她只专注于创作那本书，那么这一切都将不会发生。更可喜的是，她的那本书最终得以出版，而且成为畅销书。那本书就是《玫琳凯谈人的管理》（*Mary Kay on People Management*）。

弗雷德·史密斯的确是以联邦银行文件邮差的身份创办联邦快递公司的，公司的名字也由此而来。当那份业务难以维持时，他灵活利用同样的经营计划开创了一项惊人的包裹邮递业务，而且大获成功。

简单看待问题，直指问题的核心和本质

创造性思维的第十个方法，是用童真的眼光看待问题。

每次面对问题时，假装自己是第一次听人解释这个问题，想想你会作何反应。比如说，你有几家工厂，其中一家出现了存货损耗的问题。你下意识的反应可能是增雇一批保安，借以减少员工的偷窃行为。但是一个小孩可能突然会问你："雇佣这些保安会花多少钱呢？员工的偷窃又让你损失多少钱？"

如果事实上相比员工偷窃的物品价值，雇佣保安的费用可能更高，那么，小孩可能会继续问道："既然这样，你为什么不能辞退那些保安，干脆相信你的员工呢？"

作为经验丰富的公司经理，你可能觉得这是一个荒诞可笑的例子。不过你内心的那份纯真肯定会说："这样做也许行得通。如果我们对员工的信任越多，他们的偷窃行为就会越少。"

事实上，真的有家公司就是这样做的。面对员工偷窃的问题，他们先是削减了雇佣保安的那笔远高于被偷窃货物的价值的费用，然后告诉员工公司对他们的信任，并表达希望将来他们能够互相监督的愿望。如此一来，员工们都不想让整个团队失望。令公司管理层惊喜的是，员工偷窃行为几乎消失殆尽，减少增雇保安的费用也很快反映在他们的财务报表上。

至此，我想让一位真正的专家对创造性思维作最终总结。在他所处的那个时代，他或许是最富于创造性思维的人。他就是沃特·迪士尼。曾经，他对前来参观迪士尼乐园的一个孩子如是说：

“如果你能记住 4 个字，长大后就会成为一个聪明人。

第一个字：思。让思考成为指引你前进的价值观和行为准则。

第二个字：信。依照指引你前进的价值观和行为准则，相信自己。

第三个字：梦。心存梦想，然后基于对自身能力以及指引你前进的价值观和行为准则的信任，着手去实现你的梦想。

最后一个字：勇。勇于将梦想变成现实，因为你相信自己，因为你对你赖以生存的价值观和行为准则的坚持。

孩子，千万记住这 4 个字：思、信、梦、勇。”

其实，沃特·迪士尼的这 4 个字同样为我们提供了解决问题的基本框架：

思：唯有全面思考问题，才能充分理解它。

信：相信自己可以找到完美的解决方案。

梦：梦想寻找到一个创意性的解决方案。

勇：勇于追随和实现梦想。

CHAPTER

第 6 章

逻辑是解决问题的强大工具

LOGICAL PROBLEM SOLVING

一家汽车经销店因经营不善挂牌出售，你经几番仔细分析，还是无法决定是否收购，怎么办?

买家顾虑重重，意向摇摆不定，如何在几秒钟之内解除买家顾虑，迅速拿下订单?

公司意欲聘请一位高级经理，怎样旁敲侧击地问出他对薪资是否满意?

利用逻辑推理，寻找合理有效地解决问题之道。

Secrets of Power Problem Solving

你要么成为问题的一部分，
要么成为解决问题的办法的一部分。

拥有良好的直觉，那么凭借直觉制定决策似乎是解决所有问题的最佳选择。假如总能屡试不爽的话，那么我们所要做的就是坐在椅子上，放松全身，做几个练习，关闭左脑，让数千亿个神奇的脑细胞聚焦问题即可。千万不要问我脑细胞的数量是如何得出的，因为它是一个天文数字。华盛顿大学教授埃里克·钱德勒教授曾经如是说，假如你每秒钟数一个脑细胞，那么你需要花费 3 171 年的时间才能数完。他还说，那种认为我们仅只使用 10% 的脑细胞的说法纯属谬论。因为，我们会运用到所有的脑细胞。

诺贝尔奖获得者戴维·休伯尔（David Hubel）博士告诉我们，脑细胞之间有 100 兆的高效连接，上下误差只在几兆之间。其中，胼胝体是左右脑间进行信息交流的重要连接性神经通道，包含大约 2 亿条纤维，每秒可传递 20 亿条信息。暂且让我们进入半意识状态，让所有脑细胞开始运作。那么你很快就会发现，脑海中浮现出完美的解决方案，这时你只需欢呼“我发现了”即可。

但是这种思维方式有个很大的弊端：凭借直觉制定决策，有时行不通。某些非常基本的问题，直觉思考无法处理，必须得绞尽脑汁运用逻辑才行。

下面，我将通过一个智力练习来证明上述结论：

我住在洛杉矶郊外的拉哈布拉高地。因为想去看看在曼隆商学院上学的小儿子约翰，所以在某天早上 8 点钟我沿着风景秀丽的滨海大道开车前往旧金山。这是一段 643 公里的路程，大概需要花上一整天的时间，但是因为途经圣刘易斯奥比斯波、赫斯特城堡、大苏尔和蒙特利等地，所以也将会充满乐趣。由于一边欣赏风景一边开车，车速很慢，整个行程居然花了我 11 个小时。2 天后，我依然在早上 8 点启程按原路返回，但车速很快，只花了 8 个小时就到家了。

我返程当天某一时间点或途经某一处时，是否能与两天前一模一样？

请放下书，好好想想。

好了，你的结论是什么？或许你会回答说“不会”。我不可能在同一时刻处于同样的位置。回北方时，我上午是在路程的南边；来南方时，我是下午才到南边的。假如来回速度相同，那么我会在同一个时间点途经某一处。但由于我开车的速度不一，所以答案肯定是“不会”。

错！答案就是“会”。在我来回路程中，的确有一个地方我可以同一时间两次途经。这是一个直觉会给出错误答案的例子。只有通过逻辑思考，才能解决这个问题。

现在，让我们运用逻辑思维来解答一下这个问题。不要将思维固定在一个人的往返旅行上，而是想象成两个人同一天相向开车旅行。我早上 8 点离开旧金山，儿子约翰则同一天早上 8 点离开了他位于旧金山的学校。当然，他的车速比我快得多。显而易见，我们肯定会在路上的某一处相会。当我们相会时，我们不就是同一时间位于同一地点了吗？

下面再举一个例子。认知心理学家彼得·沃森（Peter Wason）曾经设计过一个十分有趣的实验。在实验中，他先展示出 4 张卡片的正面，内容分别如下：

注意：A、D、4、7 这 4 张卡面分别有两面，现在 4 张卡面正面显示的分别是元音、辅音、偶数和奇数。接着，他针对这些卡片提出如下问题：“4 张卡片中如果有张卡片一面是元音，一面是偶数，你必须揭开哪两张卡才能证明的确如此？”

放下书，看看你能否想得出来。

在接受测试的人当中，只有 4% 的人能回答出来。很明显，你翻开卡片 A，可以确知反面是偶数。但是在选择另一张卡片时，绝大多数人选择了卡片 4，并确信它的背面是元音。错，这个答案不正确！正确答案是卡片 7，因为由它可以确认它的反面不是元音。

有趣的是，96% 的人不仅答错了，而且几乎很难理解为什么。

正如从洛杉矶到旧金山的问题一样，直觉思维欺骗了我们。

再看一个例子。你参加一个电视竞猜节目，主持人要你从 3 扇门中选定一扇，以便赢得门后的大奖。已知 3 扇门中，其中一扇背后的奖励是一辆汽车，其余两扇背后则是两只山羊。

然后，你选择 1 号门。但主持人却打开 3 号门，门后显示是一只羊。这时，主持人问你是否更改选择，将其由 1 号门改为 2 号门。

稍作思考后，你发现改不改选择都一样。因为无论你选择了哪扇门，你都有 50% 的机会赢取汽车。

然而，你的这种想法是错误的。假如你改换成 2 号门，那得奖的概率就会从 33% 上升到 67%。什么？真是太荒唐！两扇门，背后有一辆汽车。不管你打开哪一扇门，成功的机会只能是 50∶50。但是，你错了。

当《展示》(*Parade Magazine*) 杂志的专栏作家玛莉莲·莎凡在她的专栏中就这个题目进行探讨时，她收到了 1 万封指正她错误的信件。这些信件都告诉她，得奖比例就是 50∶50。

也许，你还记得电影《21》吧？影片中，由凯文·史派西扮演的教授就向学生们提过这个问题。

尽管听起来似乎不可思议，但是更改选项后，赢取汽车的概率的确会从 33% 上升到了 67%。假如你不相信，可以上网搜索一下，看看那些依然不接受这个答案的数学教授们是怎样讨论的。

当然，数学教授会不厌其烦地运用复杂的方程式给你解释。但现在，就让我简单解释一下吧。如果更改选择，你就从 3 扇门中选出 2 扇门，由此你获得了 67% 的获奖机会；但如果你不更改选择，那么你只是从 3 扇门中选择 1 扇门，获奖概率就只有 33%。

由此可见，无论你多么善于利用直觉，有些问题不是仅凭直觉就能解决的。这时你所需要的是逻辑，这也是我们这一章中重点讨论的内容。

如何决定“做”还是“不做”

> **本节关键要点**
>
> ◎ 通过 3 种解决方法决定做还是不做某事：扔硬币、核查清单和量化评估。
>
> ◎ 当难以下决心时，可以扔硬币来决定。其实，答案早已在你心中，你甚至不必扔硬币。
>
> ◎ 分析两种选择的有利因素，并就各因素分别打分评估，再求均值。均值大者入选。

问题解决高手知道无论你的直觉有多厉害，单凭它你无法解决问题。我将教你如何利用数据分析作评估选择。当然，你没有必要运用所有的数据分析法，只需根据问题的严重程度运用一个最佳选择即可。问题越严重，你做出选择的流程也就越复杂。

在确定你必须从不同选项中做出选择，那么这个过程会变得更加复杂。下面，举一个在做还是不做之间做选择的例子。

◎ 是和朋友们一起去太浩湖滑冰，还是在家里重新布置房间呢？

◎ 是应该接受那份工作，还是拒绝？

◎ 是应该收购你的竞争对手，还是不收购呢？

解决这类问题有 3 种方法，那就是扔硬币、核查清单和量化评估。

方法 1：扔硬币

首先，我们从最简单的方法——扔硬币开始。

这可不是开玩笑。扔硬币的功能远不止于足球橄榄球比赛中决定谁先发球。在中美洲旅行时，儿子德怀特教会我这一点。多年以来，我一直梦想着驾车从家乡洛杉矶前往阿根廷首都布宜诺斯艾利斯。但这段旅程很长，至少花费 6 个月的时间，我根本抽不出这么多时间，所以我决定先花 1 个月的时间，试着驾车去中美洲，看看情况如何。

硬币赐予的美妙旅程

我和儿子德怀特开车从位于南加利福尼亚的家乡出发，途径墨西哥、危地马拉然后进入洪都拉斯。一天晚上，我们到达了洪都拉斯首都特古西加尔巴。我们不知道是继续前进赶往尼加拉瓜首都马那瓜，还是往回走绕过萨尔瓦多首都圣萨尔瓦多，途经危地马拉进入伯利兹。我们激烈地讨论了几个小时，但是谁都说服不了谁。

最后，儿子德怀特说：“好吧，不如我们扔硬币吧。”

刚听完他的话，我就对他说：“得了吧，我可不想用扔硬币这种方式决定这么重要的事情。圣萨尔瓦多正在内战，如果我们去到那里，被子弹射中怎么办？更可笑的是，如果有人在我的丧礼上，发现我居然是以扔硬币的方式决定去到那里并不幸丧命的，那岂不是成了天大的笑话？”

但是，儿子德怀特坚持说：“扔硬币非常有用，爸爸。我们只扔一次，就可以决定。”

“难道我 26 年就培养出了一个傻儿子吗？让我再想想办法。”

“相信我，爸爸。尝试一下吧，你会喜欢它的。总有一天，你甚至会在你的培训班上谈到它。”

最后，我接受扔硬币。正面人头表示去尼加拉瓜，背面表示去圣萨尔瓦多。结果是正面人头——尼加拉瓜。这时，德怀特问我说：“现在，你感觉如何？”

真是太神奇了。刚刚我还无从选择，转眼之间我对硬币没有背面朝上感到失望。我内心里真的很想去圣萨尔瓦多，而不是尼加拉瓜。听上去，这似乎有些愚蠢。不过，它倒真是帮你下定决心的极其有效的方法。

难以下定决心时，不妨扔硬币。

如果经常使用这种方法，你会发现你甚至不必非得扔硬币。绝大多数人都会认为人头为肯定，反面为否定。很多时候，你在潜意识里会把正面作为你的选择。你会这样对自己说：“正面，我就买；反面，我就不买。”一旦形成模式，事情就会有所不同。如果出现人头你就高兴，出现反面你就失望，那么，你甚至不必非得扔硬币才能做出决定。

记住，这种方法不能为你提供富于创意的解决方法，只是告诉你如何选择问题的解决方案而已。

方法 2：核查清单

决定做还是不做的另一种方法是：核查清单。

这种方法和航天任务控制中心的倒计时或者飞行员一览表非常相似。就是你在清单上列有一些项目，等前一个项目检查通过，下一个检查项目才能继续进行。举例说明一下，假如你面临的问题是，该不该聘用一个人负责银行的数据处理工作。为此，你列出了如下基本要求：

◎ 必须具有 5 年数据处理经验，其中 1 年为银行工作经验。

◎ 如有必要，将来必须愿意搬回市中心区工作。

◎ 不要以自降工资为代价，来为我们工作（自降工资的人往往心怀不满，很快就会跳槽）。

◎ 必须通过体检。

表 6-1　银行数据处理员招聘条件清单

是	否	要　求
√		必须具有 5 年数据处理经验，其中 1 年为银行工作经验。
√		如有必要，将来必须愿意搬回市中心区工作。
√		不要以自降工资为代价，来为我们工作。
	?	必须通过体检。
决定：必须通过体检才能录用		

或许，你把这份清单交给你的人事部经理，让其草拟职位要求；或者，你可以运用它来亲自评估人事部提供给你的简历。

通过核查清单这种方法，你可以按照清单的顺序，确认申请者是否符合各项条件，也可以先将此人放在不录用的名单之列，等到“必须通过体验”这一条件被取消或废除之后再录用。

方法 3：量化评估

决定做还是不做更为复杂的方法，就是量化评估法。

运用这种方法，你必须先做两个表格，先分别列出制定决策的有利因素以及不利因素，然后以 1 ～ 10 的分值对每种因素进行评估。

我就是使用这种方法，最终确定在哪里写这本书的。在离家约一个半小时车程之外的箭头湖山区里，我还有一套房子。一方面我觉得在家里写书好，另一方面我又觉得在那里写书好。

于是，我首先罗列出去那里写书的有利因素。最后，总共想到了 3 个：干扰少、富于创意的环境以及令人放松的氛围。

然后，我开始思考在家写作的有利因素。总共有 4 点好处：可以查阅参考书，可以高速上网，孤独感少，不用车马劳顿。

接下来，就是以 1 ～ 10 的分值对每个因素进行评级。切记，任何评分都是正分。5 分及 5 分以下也不是负分数，只能说明不是那么有利而已。

赞同留在家里的列表里，我这样打分：

表 6-2　去箭头湖写作的好处量化评估表

好　处	评　分
干扰较少	8
富于创意的环境	6
令人放松的氛围	5
总分	19
平均值	6.3

由于赞成留在家里的平均值为 6.8，支持前往箭头湖的平均值为 6.3，所以我选择了留在家里。

记住，量化评估没有负分值。你只需正面打分，然后求平均值即可。

我已经教会你做还是不做某事，可以从 3 个方法中进行选择。接下来，我将告诉你如何在两难的选择中做出决定。

表 6-3　在家写作的好处量化评估表

好　处	评　分
参考书	6
公共图书馆	8
孤独感少	4
免除车马劳顿	9
总分	27
平均值	6.8

两难问题如何抉择

本节关键要点

有 3 种方法在两种备选方案之间做选择：

◎ 1 ~ 10 评分法。切记千万不要将这种方法运用在筛选确定信息之上。它只适用于当你无法决定之时，助你打破思维枷锁。

◎ 富兰克林决策法。对于决定做或者不做某事这类单选题非常管用，但是不适用于多项选择题。

◎ "成绩单"法。但不能对不同因素进行权重是最大的问题。

现在，我将从更为复杂的层面探讨解决问题的方法，即如何在两种备选方案中做抉择。所谓"两难"，即只有两种对策可行，但它们又彼此矛盾或相互排斥。事实上，真正的两难情况极少。如果你使用上一节中提到的核查清单，那么通常得到的选择都会不止 2 个。不过，如果你将这些多重选择整合后只剩 2 种，那么你就可以用以下 3 种方法来做选择。

方法 1：1 ~ 10 评分法

如果运用 1 ~ 10 评分法对所有问题进行评估，那么问题就会变得简单和明晰很多。因为这种方法的优势是，强迫你系统地对选择做出评估。

比如，你难以确定是应该在塔尔萨市，还是在俄克拉何马市新开一家冷冻酸奶酪店。针对两地研究的资料已达 8 厘米之厚，但是似乎获得的信息越多，你就越难做出选择。试试 1 ～ 10 评分法吧。你觉得塔尔萨怎么样呢？大约 8 分吧。那么俄克拉何马呢？大约 8.5 分吧。你为什么会有这样的感觉呢？你无法说清楚，但是头脑中那数百亿个脑细胞其实早已研究过了，然后它们告诉你这个答案。

不过，千万不要将这种方法运用在筛选信息之上。它只适用于当你无法决定之时，助你打破思维枷锁。

1 ～ 10 评分法也是一个获取他人意见的好方法。如果你是一位销售人员，目前不确认客户是否会下订单。那么你最好问问他们："如果以 1 ～ 10 评分，你现在下单的意愿是几分？如果是 10 分，表示你马上可以下订单了；如果是 1 分，那就意味着即使我们白送给你，你也不会要。"在我遇到的所有人中，没有一个拒绝给出分值。

如果他们给出的分值是 6，那么你可以接着问："能不能告诉我，怎样才能让你觉得满意，给 10 分呢？"

可能，他们会这样回答："实话告诉你，我希望获得的利润不低于你们的预估利润。对于这一点，我不知道你们能否保证。要我接受这笔生意，至少要保证获得这么多利润。"

搞定！只是几秒钟的时间，你就成功找出问题症结所在。如果能够解除买家的顾虑，你就基本上可以得到他们下订单的承诺。

用这种方法发掘他人想法，非常奏效。

我使用这种 1 ～ 10 评分法，已经几十年的时间。这是一种非常有效的方法，但是并非每人的评分范围都是 1 ～ 10。

约翰的评分系统

我有 3 个孩子：朱莉娅、德怀特和约翰。一年冬天，我们在犹他州帕克市租了一栋公寓，相约一起前往度假滑雪。一天晚上，我们就是否应该稍作改变，开车绕过一座山，然后去一个名为雪鸟的地方滑雪，展开了讨论。讨论很久后，意见似乎难以统一。

> 于是，我问小儿子约翰："如果运用 1 ～ 10 评分法，你给去雪鸟滑雪打几分？"
>
> 他回答说："7 分吧。" 对我而言，这似乎没有特别的帮助。但是紧接着，他说出一些非常有意思的话："但是记住，在我的评分表中，永远都不会有 8、9 或 10 分。"
>
> 约翰说的的确是实话，因为他一向非常低调。他从来不会因为某件事情特别兴奋，也从不为某件事情沮丧。有一年夏天，我们一起去欧洲登山。当时，他爬上了马特洪峰的峰顶。对他而言，这是一个非常了不起的表现。因为之前他仅仅攀登过两座山，而且这次又是第一次攀岩。在 4 267 米的地方，我最终和他相会。那时，我将他紧紧抱住，眼睛里充满泪水："我简直不敢相信，你竟然成功了！"
>
> 但他只是淡淡地说："这不是我原本就打算做到的吗？" 事实上，他的评分范围只局限于 4 ～ 7，既不包含 8、9 或者 10，也没有 1、2 或者 3。而大儿子德怀特则不同，他的评分范围两极化，一极是 1、2、3，另一极则是 8、9、10。对于任何事情，他都爱憎分明。

明白了吗？既然你的评分系统中没有 8、9 或 10，那么对你来说，7 就意味可以去做了。

方法 2：富兰克林决策法

相比 1 ～ 10 评分法，富兰克林决策法更复杂。

富兰克林在写给英国科学家瑟夫 · 普里斯特利的信中解释他的这种方法：

> 将一张纸分成两列，一列表示正方，一列代表反方。然后，在经过三四天的考虑，我再简短地罗列出不同时段想到的有关此事的不同意见，无论它是支持还是反对此事。

等到将所有意见罗列出来后，我开始衡量这些不同意见的重要性。如果我发现正反两列意见不相上下，那么我就会将其全部删除；如果我发现某条正面意见与某两条反面意见旗鼓相当，那么我就会将这 3 条全部删除；如果我判断某两条正面意见与某 3 条反面意见平分秋色，那么我就会将这 5 条意见都删除。

如此循环多次后，我最后总能得出结论。然后，如果再经过一两天进一步的思考，我没有发现任何可以新增的内容，那么我就会据此做出决定。

他将此法称之为道德或者谨慎的代数学。这种方法对于决定做或者不做某事非常管用，但是不适用于多项选择题。

销售人员发现富兰克林决策法非常适用于说服客户。他们在纸的一侧写上支持原因，另一侧写上反对理由。当然，通常客户会愿意帮忙罗列支持原因，但是填写反对理由时就不那么积极了。

方法 3："成绩单"法

在两种备选方案中做出选择的第 3 种方法就是"成绩单"法。

《今日美国》(*USA Today*) 创办人艾伦 · 纽哈斯 (Al Neuharth) 在决定是否要从底特律的骑士报业集团跳槽到甘尼特报业集团时，就使用了这种方法。当时他在骑士报业集团做得很好，所以这个决定没有事后那般显而易见。为此，艾伦·纽哈斯罗列出了 10 件最重要的事情，然后用 1 ~ 10 评分法对它们进行评估。最终，他成功聚焦考核重点。甘尼特报业集团是一家股票上市公司，他最终能够操控它；而骑士报业集团是一家家族企业，他永远不可能拥有完全自主权。于是，他给了骑士报业集团一个 10 分的"忠诚"奖励。但即使如此，甘尼特报业集团最后还是以 94：92 胜出。两者分值很接近，但是却足以改变美国报业局面。因为到了甘尼特报业集团以后，艾伦 · 纽哈斯将一家拥有小型报纸的公司拓展为全美唯一一家拥有大量印刷厂的公司，也使得《今日美国》得以在中央编辑、地方印刷。

我再通过一个亲身经历来解释一下“成绩单”法。我曾经借用这种方法最终确定我们的中美洲之行使用什么车。

日产寻路者和福特路星的不同成绩

当时儿子德怀特想买一台日产“寻路者”车和我一起去旅行。那是一台线条粗犷的标准四驱车，充分彰显着男性气质。为此，他说服经销商把它开到家中，让我试驾。试驾后，我对这台车的印象非常深刻。但是，当时我们还有另外一个选择，那是一台福特路星四驱旅行车。

于是，我们罗列出觉得重要的因素，然后对其进行打分排序。

首先是耗油量。因为旅行路程很远，所以这一点很重要。我们给了福特 8 分，日产 5 分。记住在 1 ～ 10 评分法中，5.5 分是中间值。这就意味着 5 分及 5 分以下都被认为不合格，6 分及 6 分以上才是合格。如果你认为 5 分才是中间值，那么你过于乐观的倾向已经使得评分系统有所倾斜。

其次，在中美洲是否方便获得汽车配件也是一个重要的考量因素。它让我们排除了其他多种选择的可能性。在这一点上，我们给了福特 8 分，日产 6 分。

尽管不会在车上过夜，但是我们仍把它作为一个需要考虑的因素。在这一点上，我们给了福特 8 分，日产 6 分。

再次，车辆的多用性，即旅行完后车辆是否可作他用也被纳入考量范围。福特旅行车比车身娇小的日产车更胜一筹，比分是 9 ∶ 5。

接下来，空间、价格、越野性能和可靠性。由于载货空间大，福特车大赢，与日产比分为 8 ∶ 4；由于福特旅行车比日产车便宜 8 000 美元，因此又以 8 ∶ 6 的比分胜出；由于在越野性能上，日产车稍胜一筹，于是获得了 9 ∶ 7 的良好比分。至于可靠性，当时福特虽然使用的是全新电动四轮驱动，后来表现也非常出色，但是当时我们心存顾虑，所以只给了它 6 分，给了日产 8 分。

最后是购车欲望，即多么渴望拥有它。最终，日产车压倒性优势，获得 9 分的高分。可怜的福特，只得了 5 分。

评分完毕后，我们将得分相加。由于福特路星四驱旅行车分值高达 75 分，而日产车分值仅 60，所以最终我们毫不犹豫地购买了福特车。运用这种方法做出的决策果然不错。即使是在危地马拉东部那种世界上最糟糕的路况上，福特车的表现依然相当出色。

表 6-5　福特车与日产车量化评估表

正　方	日　产	福　特
耗油量	5	8
零配件可获得性	6	8
睡觉舒适性	2	8
舒适性	6	8
旅行后可用性	5	9
载货空间	4	8
低价格	6	8
越野性能	9	7
可靠性	8	6
购车欲望	9	5
总得分	60	75

很明显，“成绩单”法不无瑕疵，其中，不能对不同因素进行权重是最大的问题。但是既然它对艾伦·纽哈斯有用，那么对我们也同样有效。

如何在多个解决方案之间做选择

本节关键要点

◎ 只从正面，而不是反面考虑问题。

◎ 根据罗列因素对你的重要性，运用 1 ~ 10 评分法给予评分。每项因素最终总分等于权重因素分值乘以项目分数。将列表上所有正面因素的分值相加，得出总分。

◎ “差点计分”法比“成绩单”法更准确，因为它考核了所有因素。

现在，我们将讨论比在两种备选方案中做出选择更为复杂的问题。如果你面对的是 2 个以上的选择，问题解决起来就会更加困难。本章中，我将教你在面对 3 个或者更多备选方案时，如何做出最终选择。

有一套非常有效的系统可以用来处理这种问题，我将其称为“差点计分”法（差点计分系统由美国高尔夫球协会创建。所谓“差点”，就是球手平均杆数和标准杆数的差距。——译者注）所谓“差点计分”法，首先是从正面评估目标。你想完成的是什么？不是聚焦你不喜欢的因素，而是评估正面因素。假设你正考虑更换工作，那么负面因素可能有：

◎ 我痛恨老板。

◎ 他们给我的那点工资，养不活我。

◎ 这份工作让我毫无自由可言。

◎ 我讨厌水牛城的天气。

一味思考负面因素不会诱发思维，只会扼杀创意思维。你应该只考虑正面因素，比如：

◎ 我想进入一家能为我提供更多更好机会的大公司。
◎ 我想赚更多的钱。
◎ 我喜欢更温暖的气候。
◎ 我想得到更好的福利。
◎ 我想接受更大的挑战。
◎ 其他老板或许会更赞赏我。
◎ 如果换工作，将会提升我在公司里的地位。
◎ 我会得到更好的职位。

其次，利用 1 ～ 10 评分法对每种因素进行评估，看看自己对这些因素的感受如何。例如，你可能给薪水和职位的分值很低，更关心的是机会以及上升为公司管理者的可能性（如果你还不到 30 岁，我希望你是这样想的。年轻人不要太在乎钱，而要更多地关心能够学到什么，能否在工作中成长）。当然，你给这些因素赋予权重是你个人的事情。还是先用 1 ～ 10 评分法对每项因素做出如下评估吧：

表 6-6 更换工作各因素评分

序 号	正面因素	重要性
1	更大的机会	10
2	更多的薪水	8
3	更佳的位置	6
4	更好的福利	6
5	更大的挑战	9
6	更好的老板	5

（续表）

序　号	正面因素	重要性
7	更高的职位	7
8	更好的头衔	4

然后，发挥创造性思维，罗列所有可能的选择。如此一来，可能从中发现一些符合你的标准的公司。

接下来，根据你的标准对每一家公司进行评估。同样是运用 1 ～ 10 评分法，给每家公司评分。然后，将权重因素分值乘以分数得出总分。例如你在对某家公司进行评估时，认为它给予你的机会权重分值可达 10 分，而你自己对这家公司的喜欢程度分值是 7 分。那么 10×7 = 70，便是这家公司在这一因素上的得分。如果福利权重分是 6，你给这家公司的分值是 7，那么 42 就是最终得分。由此，你对该公司的评估可用下表所示：

表 6-7　更换工作最终得分

序　号	正面因素	重要性	喜欢程度	重要性 × 喜欢程度
1	更大的机会	10	7	70
2	更多的薪水	8	8	64
3	更佳的位置	6	8	48
4	更好的福利	6	7	42
5	更大的挑战	9	6	54
6	更好的老板	5	7	56
7	更高的职位	7	8	56
8	更好的头衔	4	8	32
该公司总得分 422 分				

运用这种方法，你可以挑选出 20 家也许具备期望条件的不同公司，并且依据其与你所设定的目标相符程度排出先后顺序。

基于每家公司的得分，初步确定最佳选择。然后，对这个选择可能出现的负面结果进行核查。因为或许在制作列表时，你忽略了某些东西。比如没有将足球考虑在内，然后当你深思熟虑决定前往得克萨斯州的阿马里诺时，才突然意识到自己很怀念职业足球。

罗列出替代方案，以免最终决定未能得偿所愿时加以补救。想想假如罗列出的 20 家公司都没有雇用你，那会怎么样？假如你去了休斯敦，却不能忍受那里的天气，又会怎么样？到了那个时候，你该怎么办？

也许你觉得没必要，也不值得考虑这么复杂的情况。但是谨记，“差点表”不是用于做出去哪里吃午饭诸如此类的小决定，而是做出一些诸如换工作、买房子之类的人生重大决定。当面临此类重大决定时，花点时间考虑确实是值得的。

只要其中没有太多的不确定性，那么“差点计分”法非常有效。对于更换工作这样的事情来说，不确定性几乎为零。你完全可以向 20 家公司投放简历，并对他们为你提供的待遇进行评估。

CHAPTER

第 7 章

运用头脑风暴解决问题

BRAINSTORMING

你竭尽全力搜集所得的信息还是远远不够，如何创造更多的选择?

你刚刚获知一种高科技产品，公司拥有独家授权，市场前景极其乐观，但执行委员会却否决了生产提议，你该怎么办?

团队成员对组建分公司漠不关心，如何让他们满怀热情地参与其中?

头脑风暴，可以产生更多的解决办法。

Secrets of Power Problem Solving

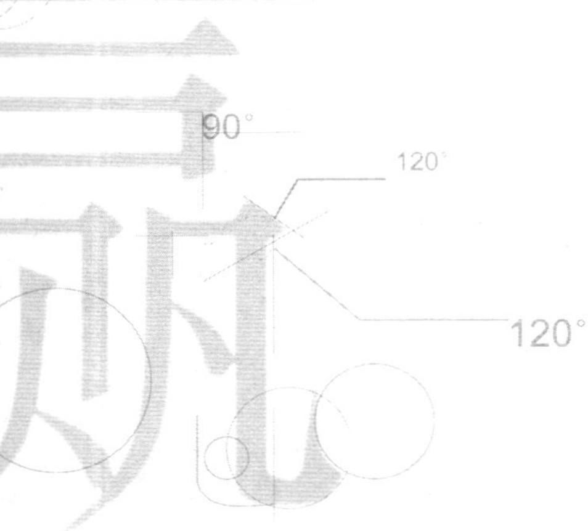

顾客真正购买的不是商品，而是解决问题的办法。

特德·莱维特

头脑风暴对你解决问题有帮助吗？你是愿意让其他人参与到解决问题的过程中来，还是更愿意成为一个特立独行的领导者呢？

首先，我们先看看那些彻夜难眠的经理们吧。一大早，你就能看到那些睡眼惺忪的经理们在酒店咖啡厅里用黑咖啡提神，因为一整晚他们都在纠结这个两难问题："是我自己决定还是让大家一起讨论呢？"

我们看看下面例子中的这个经理的摇摆心态。

如果我自己做决策，肯定会很有成就感，而且我的事业也可能因此而达到顶峰。假如我的决策是正确的，那该是多么荣耀的时刻！

但是，如果我的决策错了呢？那麻烦可就大了。今后的几十年里，全国大学的商务课上都会讨论"道森的愚蠢决策"。甚至可能更糟：就算我决策正确，但是公司里的其他人会因为我没有让他们参与决策的制定而联合起来对付我，说我是个神气高傲、浮夸自负、需要好好教训教训的家伙，到那时，我就会被孤立起来。我到底该不应该让其他人也参与决策的制定呢？"

这一章中，我们将讨论头脑风暴法的优点与缺点。讨论的结果将会让你大吃一惊，头脑风暴远不只是一群人随意发表意见。

为什么需要头脑风暴？

本节关键要点

◎ 跟其他人沟通可以给你带来很多灵感，帮助你扩大视野，产生更多富有创造性的想法。当你无法推动事情发展时，讨论会可以帮助你走出困境。

◎ 当需要获得他人支持时，可以请他们一起参与决定的过程。你可以试图说服大家接受你的建议，但千万不要操纵会议，一定要学会认真倾听别人的意见。

通常，我们将把问题交给一群人解决称之为“头脑风暴”。当然，你也可以与 1 个人进行头脑风暴，但前提是这个人必须是合适的人选。你还可以和 100 个或更多人一起头脑风暴，但是这场风暴显然非常吓人。我们现在马上讨论头脑风暴的合适规模。

头脑风暴的 4 条规则：

◎ 鼓励自由表达意见，不加任何评判。

◎ 不排斥任何想法。即使该想法有负面作用，也先行保留。例如，有人可能说：“我们为什么不让工会接管它呢？”对此，你不要说：“如果那样，我们将完全失去对它的控制”，而要说：“我们可以成立一个管理委员会，对他们进行密切监督。”

◎ 鼓励脱离常规的新点子，以增加创意。

◎ 鼓励综合并归纳所有想法。

遇到以下 5 种情况时，你应该选择头脑风暴而不是自作主张。

认为头脑风暴将产生更多的备选方案时

有时候，虽然你已经想尽一切办法搜集了所有信息，但你仍然觉得自己掌握的信息不充分，这时候讨论会就可以帮助你跨过这一障碍。因为跟其他人沟通可以给你带来很多灵感，帮助你扩大视野，产生更多富有创造性的想法。当你无法推动事情发展时，讨论会可以帮助你走出困境。

需要其他领域的专业支持时

例如，你可以聘请其他领域的专家组成讨论组，比如交通、国际法或者处理重大纠纷等方面的专家等。因为在一般情况下，公司里没有人掌握这些专业知识，如果你不请专业人士给出可靠参考依据，就很可能做出错误的决策。

想让决定更符合道德标准时

这就是医院里设有外科医生复核委员会的原因。外科手术一旦未能按计划进行，委员会就会对该病例进行复查，并提出建议。一两个人可能会掩盖医疗事故，但是团体规模越大，每位成员道德水准降低的可能性就越小。通常头脑风暴能够提升道德水准，可能比个人思考更加谨慎，但也可能比个人更容易接受错误决定。

比如，一位在竞选中得票领先的总统候选人，怀疑支持他竞选的一位主要捐助人并非本国公民。如果事实确凿，那么这笔捐款就隶属海外捐献，是不合法的。如果返还这位候选人的捐助金，就必须撤销原计划在某一州的宣传造势活动。这位候选人独自决定的话，他很有可能会这样想："我要对此视而不见。万一事情败露，我可以貌似诚恳地否认。”但如果他选择头脑风暴，其团队成员很可能会建议他退回捐助金，因为他们认为掩盖错误绝对比承认错误更加糟糕。假如他决定和更多人就此事展开头脑风暴，那么他们有可能建议忽视这个问题。只要其中的几个关键人物说“我们别管它”，那么其他人就都会耸耸肩说：“我没意见。”头脑风暴中，关键人物的意见总会左右其他人的意见。

这似乎令人不可思议，有时头脑风暴比起个人思考会更加鲁莽。

最典型的例子莫过于“猪湾登陆”决定。

猪湾登陆是谁决定的?

1961 年，美国中央情报局支持 100 名古巴革命人士经猪湾回到古巴发动革命，结果遭到狙击，11 人当场被击毙。显然，一些掌权者很清楚利用美国的军事力量支持古巴发动政变是错误的，但他们并不愿意反对群体的决定。亚瑟·施莱辛格，肯尼迪总统的特别助理，美国杰出公共知识分子的代表人物后来写道，他曾在一次会议中公开表示入侵古巴是不道德的，但罗伯特·肯尼迪把他拉到一边，偷偷告诉他：“你说的可能是对的，也可能是错的，但不管怎么说，不要再坚持己见了。”这就是讨论会陷阱。这种群体压力可能会让人们做出一些自己本打算拒绝的、不符合道德准则的决定。

需要获取团队支持时

每个人的知识水平都是有限的，特别是在头脑风暴中，要一下子面面俱到几乎是不可能的，而集体决策的好处就是可以弥补个人力量的不足，使决策中所考虑的问题能够更加全面具体，也更能照顾到多数人的意见。

所以，除非你刚从韩国出来，否则你会很清楚团体决策的价值。只有在参与或协助决策的情况下，人们才会投入更多的热情。但是要注意：你不是在操纵他人。

要获得其他人支持，靠说服而不是操纵

我 20 岁左右的时候，开始向公司高层发展。当时，我是一个非常独裁的决策者。我知道对公司来说什么事情正确，觉得没有必要浪费时间让他人参与决策过程。但是老板唐·雷恩沃特则比我精明得多。他告诉我如果想获取公司其他人的支持，就必须让他们参与决策。

那时的我年轻无知，以为自己可以独立解决一切问题。我就自己已经敲定的 6 条建议展开讨论。由于我擅长引导讨论，最终他们都同意了。于是，我得意地将事先准备好的纸分发给每个人，说："我相信，这是我们大家一致同意的结果。"大家都很宽容地接受了我的建议。但是唐·雷恩沃特却把我拉到办公室，给我上了终生难忘的一堂课：在引导他人形成正确决定的过程中，你可以说服但不能操纵他们。按规矩行事，接受其他人的意见。

担心团队会否定你解决方案时

这是在所难免的。如果你担心其他人可能会拒绝你的建议，头脑风暴就十分必要，你必须与其他人一起讨论。

问题是我们深陷自己的完美解决方案而无法自拔。比如，我们刚刚获悉一种高科技产品——驱蝇剂，可以大举占领澳大利亚市场。该产品以电池为动力，可以反复充电，能够驱赶 30 米范围内的苍蝇。我们拥有独家销售权，在成本最低的越南生产。在苍蝇成堆的澳大利亚，失败的可能性几乎为零。然而我将这个方案提交给墨守成规的公司执行委员会时却没有通过。

等等，你在开玩笑吗？如果你连执行委员会的 10 名成员都说服不了，又怎么能让公司其他 2 000 人相信这是个好主意呢？你又有多大概率说服 2 200 万澳大利亚人这是个不错的产品呢？想一想吧！如果因为害怕执行委员会否定你的建议而不敢提交的话，那么就是你进行头脑风暴的时候了。

头脑风暴的几大优势

本节关键要点

头脑风暴有 8 大优势：

◎ 可以发现他人的错误。

◎ 可以促使团队成员对问题采取行动。

◎ 可以增加团队成员间的信任。

◎ 可以排除错误的信息。

◎ 可以产生更多信息。

◎ 可以获得更多有利于工作的信息。

◎ 可以获得员工们更多的支持。

◎ 可以防止做蠢事。

相信很多人都参加过头脑风暴，这恐怕是一种比较流行的解决问题的方式之一了。头脑风暴较之于独立决策具有 8 大优势。接下来，我们对其中 6 大优势进行解读。

可以发现他人的错误

一个人在商场买了手表，该手表进价 30 美元、标价 65 美元。这个人给了商家一张 100 美元的支票，商家找回他 35 美元现金。但汇票是那个人是偷来的，所以无法兑现。那么商家亏了多少钱？

人们往往会对这类问题深感困惑。但头脑风暴法就能轻松解决这个问题，因为它能够让人们发现他人的错误。如果你还在继续思考，那么告诉你，答案就是商家损失了 65 美元，包括 30 美元手表成本，和找给男子的 35 美元现金。这就是为什么头脑风暴会比个人思考更准确的原因。

可以促使团队成员对问题采取行动

团队中每个成员都有问题，除非新电脑组装厂直接对他们产生了影响，否则他们才不会操心。要解决这个问题，你就必须宣布下个星期将召开一次会议，讨论是否马上在巴西建厂。如此一来，你会突然发现所有人都参与其中。他们开始搜集信息和与此相关的背景资料，充分发挥自身才智。从这个意义上说，头脑风暴可以迫使人们参与到原本可能不热衷的活动中来。

可以加强团队成员间的信任

当人们感觉到自身所处的团队都能参与解决问题时，就会更加信任该团队，工作满意度也会随之上升，动机和道德水平也会相应提高。

但是，员工参与决策不是获取更多支持的工具，而是一种领导哲学。

优秀的企业不会告诉员工他们应该做什么，而是教会他们解决问题的方法，然后再与他们共同协商解决问题的方法，最后授权他们去解决问题。

只有对员工进行培训，并确信他们确实掌握了解决问题的方法时，才能授予他们解决问题的权利。

可以排除错误的信息

在头脑风暴时，可能有人提议在亚拉巴马的莫比尔市购买一个分销仓库。假如可以独断专行的话，他们早就采取行动了。但是当他们跟另一群人讨论这个提议时，其中有个熟悉那个地方的人说："等一下。你调查过莫比尔的投资环境吗？那里的投资环境是全国最差的。在没有搞清楚状况之前，不要贸然行事。"头脑风暴可以排除错误信息，并且指明哪些领域需要进一步研究。

可以获得更多有利于决策的信息

这一优势显而易见，但并不总是好消息。因为，你很容易陷入信息过多的泥沼中。注意，信息太多会导致犹豫不决。身为领导，你要学会主动把握："关于这个问题，我们已经了解得相当清楚了。现在，让我们来选择一个解决方案，并全力促其顺利实施吧。"

可以获取更多的准确信息

简单地说，人们在一对一时，可能会胡说八道。但是当他们与一群人进行头脑风暴时，则会更加周密地思考，并谨慎地说出答案。

总之，头脑风暴法是现代企业经营决策中经常使用的方法，通过召集小型会议，围绕一个目标明确的议题，自由地发表各种意见和设想，使与会者互相启发，增加联想，形成创造性思维的共振和连锁反应，而主持人则只听不讲，让自己的头脑承受各种看法汇成的风暴，从而形成一些新的解决方案和构想。

灵活运用形式多样的头脑风暴

本节关键要点

◎ 并非所有头脑风暴都必须将人们召集在一起，然后逐一提供解决方法。

◎ 独奏型头脑风暴易于操作。快速列出可能方案，先不要进行筛选，因为头脑风暴早期也没有什么烂主意。把它们分成 A 和 B 两项，沉淀几个小时。然后，再将其相互关联。

◎ 类比型头脑风暴很有价值，因为它能够激发想象力。

◎ 电脑型头脑风暴能让更多人匿名发表对解决方案的看法。

我们都非常熟悉正式和半正式头脑风暴，那就是委员会、主管会、董事会以及创意头脑风暴。然而在这里，我想给大家介绍另外 3 种形式的头脑风暴。它们的涉及面很广泛，但是对于解决复杂或者模糊难解的问题非常有效。

独奏型头脑风暴

这不会是矛盾修辞法吧？正如大虾（虾本来很小）、邮政服务（把服务邮寄走，也就没有了服务）以及成熟的少年等说法一样，它是矛盾的代名词。

但是，它也是一种极好的解决问题的工具。它的工作程序如下：

首先，利用 15 分钟将你想到的每种可能性都记下来。想象自己是一名拍摄过数百幅照片的摄影师，正着手从中挑选出最中意的一张。还记得为系列丛书《一日生活》（*One Day in the Life of a Country*）所拍摄的数千张照片吗？阈值理论（阈值又称临界值，是指一个效应能够产生的最低值或最高值。——译者注）认为：选择越多，品质越好。

下午或者第二天早上重复相同的工作。但不同的是，你的潜意识已经开始思考这个问题。分两个阶段解决问题，正是较之群体头脑风暴的优势所在，因为后者理论上都是一次性完成。与此同时，向他人提问，并搜集他们的意见。

紧接着，将你的清单罗列成 A 和 B 两项。不要划分太细，将所有可行的事项罗列在 A 项，将不可行的归入 B 列。

接下来，以 1 ～ 10 评分法对 A 列进行分级排序。

试着将清单上 3 个最好的想法与其他想法进行关联。通常，这种随机的关联会激发出新的可能性。最后选出 B 项上最好的想法，与其他主意进行关联。

类比型头脑风暴

这种方法注重从全新的角度看待问题，而不是激发出大量的创意选择。你必须经历如下步骤才能学会这种方法。其中，前 3 个步骤与其他问题解决方法大同小异。

阶段 1：陈述问题。向头脑风暴参与者详细陈述问题。

阶段 2：展示问题。向头脑风暴参与者提供大量相关信息，以全面展示问题。

阶段 3：理解问题。通过让头脑风暴参与者复述问题的方式，确认他们充分理解了问题。这一点非常重要，因为在公司中，很多人不会承认自己不了解问题。他们坐在那里，看似在认真聆听，实则只是抱着船到桥头自然直的心态等待他人解决。

确认大家都清楚无误后，你可能对他们说：“好的，既然大家都明白了问题所在，现在，我想请各位分别简短陈述一下，你认为有必要在圣保罗增开一家电脑组装厂的原因。我希望大家都能提出自己的想法，不要重复别人说过的东西。”

于是，第一个人可能会说：“因为那里生产成本最低。”

第二个人补充说：“我认为主要原因是我们可以获取巴西政府的补助。”

第三个人或许会说：“嗯，更接近南美市场，这不也是需要考虑的关键因素吗？”

随着大家各抒己见，每个人将会更加明白所面临的问题。

阶段 4：让每人说出一个与解决问题相关的类比。多用类比，以便更好地理解问题。所谓“类比”，是一种常用的说话方式，旨在通过对不同事物进行比较，使其中一项更为明确的方法。“像看到草儿生长那样令人兴奋”就是一个类比。颇受非议的女星塔卢拉赫·班克黑德对自己的描述也是一个类比：“纯洁得如同碾碎的烂泥”。类比对于解决问题也非常有效，因为它能活跃思维。通常情况下，类比有 4 种形式：

第一种是直接类比。有人使用直接类比表达他对在巴西建电脑装配厂的看法：“嗯，它的运行应该会像石油在输油管里流淌一样顺畅。”

一人可能以玩笑的口吻回应道：“嗯，这个类比将石油输往埃克森·瓦尔迪兹号油轮上要好。”（1989 年，埃克森·瓦尔迪兹号油轮触礁搁浅，所载原油倾泻于阿拉斯加水域，致使大量生物死亡，其后清理工作耗资数十亿美元。——译者注）这种类比可能会激发一场关于中美洲内战时期经油管供油的讨论或者眼下可能存在的通过运输问题。“输油管”这个词可能会让人联想到破坏，引发一场有关工厂安全防范的讨论。

第二种是个人类比。一个人可能会使用个人类比说：“那里的失业现象非常严重，对巴西人来说，去上班就如同第一次去迪士尼乐园那样令人兴奋。”

这时，另一个人也许会这样回应：“嗯，这是个有趣的想法，因为我们正在向那个国家出口一种新技术，就像迪士尼在日本开放时一样，他们面对着各种对他们而言陌生的道德思考。”

第三种是幻想类比。接下来，可能有人使用幻想类比说：“这对员工来说可能非常陌生，如同《星球大战》（*Star Wars*）一样。”

有人可能回应说：“要是我们能够像自行设定的 R2-D2 给他员工编好程序，他们就能按程序工作了。”由此，它将激发人们思考程序系统和员工取向及训练等问题。

第四种是象征类比。最后，有人也许会使用象征类比说：“这一定会让我们的利润暴涨的。”于是，人们的脑海里立刻出现了工厂顶棚的画面。这时，有人接着说：“我们是否考虑过在厂房的顶部建一个直升机起降平台？我们在里约热内卢的公司不就有一架直升机？要不要在这里也建一个？”

这样一来，整个房间里就热议不止。类比型头脑风暴参与的人数不多，但参与者却因具备较高素质，更易想出解决对策。类比型头脑风暴的价值是：它让熟悉变得似乎陌生。通过类比，你可以用不同的方式看待问题。但是，谨防过度解读类比法。

电脑型头脑风暴

这种方法可以提供部分分销商的反馈意见、客观的信息评价，制造修改既往陈述的观点的机会，而且参与者是匿名的。

电脑型头脑风暴由 5 个阶段构成，通过电脑进行调查，参与者完全不必在现场。

阶段 1：调查。在这一阶段，你邀请每位参与者提供调查信息。例如，你是一家全国快餐连锁企业的老板，在阿卡普尔科举行的公司年会上，有人提出了增售甜甜圈的建议。甜甜圈的支持率似乎很高，所以你想搜集一些相关方面的信息。在调查阶段，你向你的电脑网络发出这样一则备忘录：“在阿卡普尔科年会上，有人建议增产甜甜圈。关于这一提案，我们想搜集一些反馈意见。请给我 3 个你认为这是个好提议的理由，3 个你认为这个提议不好的理由。”

阶段 2：阐释。这时总部办公室里，一群数据处理专家可能正在尝试分析参与者如何看待这个问题。他们赞同什么，又反对什么。这一阶段，你可能会因为得到大量的支持想马上开展这一项目，也可能会因为收到太多反对意见而想放弃这一想法。但是如果分歧很大，那你就得进入第三阶段。

阶段 3：协调。在协调阶段，总部专家团会剔除 10% 特别支持这项计划以及 10% 特别反对这项计划的意见。然后，再从比较温和的支持者中寻求共识。例如寄一封调查问卷："假如我们只在上午供应甜甜圈，你觉得如何？"或者"我们的甜甜圈只提供外卖，你认为怎么样？"如此一来，这份问卷的答案就能化解意见分歧。

阶段 4：评估。这个阶段的工作是分析所有信息，将其浓缩成一些选项，让管理层做最终抉择。也许，总部专家团会报告说："支持全天供应甜甜圈的人几乎为零，大家觉得这样会影响午餐和晚餐的业绩。但也有 82% 的餐馆经理喜欢早上供应甜甜圈的建议。他们对是否只将其列为外卖，意见不一。57% 的人认为开车时可以获得就行，43% 的人认为如果店里也有销售的话，可以增加额外销售。"

阶段 5：总结。这一阶段，你需要总结信息并将其反馈给参与者，让他们更好地了解管理部门做出最终决定的原因。这个总结最终将获取原先持反对意见者的支持，或者获得喜欢同一决定不同版本者的认同，或许赢得喜欢对原始版本略作修改者的支持。

电脑型头脑风暴的优势在于：

相比普通头脑风暴，可以让更多人参与到头脑风暴中来。

与召集人们参与相比，节省费用。

匿名参与，可以轻松化解严重分歧。

支配型性格的人无法左右其他参与者。

CHAPTER

第 8 章

做个“问题终结者”

WHAT MAKES YOU A GREAT PROBLEM SOLVER

会议中，80% 的时间都在不停发言、不停分析却还是解决不了问题?

中意项目的投资成本远远超过了预算，怎样规避巨大的投资风险?

你和巴菲特买了同一只股票，却都被拖进了股市的泥潭，股神失灵，你该如何规划下次的投资?

做个问题解决高手，终结问题!

Secrets of Power Problem Solving

所谓“企业管理”就是解决一连串关系密切的问题，
必须有系统地予以解决，否则将会造成损失。

普赛尔

到现在为止，你对自己解决问题的能力应该信心大增了吧。

问题解决高手行动迅速且果断，但是他们不会屈从压力而匆忙做决定。

问题解决高手明白搜集信息的必要性，并且会完整走完解决问题的所有程序。但是如果需要快速决定，他们也会舍弃一些信息而采取行动。

问题解决高手会全身心投入决策制定，一旦发现自己错误，会立即收手。

问题解决高手制定决策时大胆且勇敢，同时也明白不能过于独断。

在最后一章中，我们将探讨问题解决高手具有的特质。

问题解决高手的特质

本节关键要点

◎ 容忍模棱两可的事物，既不要求凡事黑白分明，又不苛求知道所有问题细节。

◎ 从其他角度，而不是从问题中心观察事情的态势。

◎ 倾听之前，明白自己需要聆听的是哪些内容，并抱着“我要听听他是如何看待这件事情的”想法。

◎ 在放手实施决策前，先确认此决策是否已获得了要使用该项产品或服务的人的支持。

◎ 在计划实施之前，要确认计划的执行者和你一样输不起。

本章中我将向大家介绍问题解决高手所具有的 7 种特质，如果能够掌握本书谈到的技巧，并且培养这些特质，相信你每次都能做出正确的决定。

虽然你可能天生并不具备这些特质，却可以通过后天的学习来培养。下面我们将对这些特质逐一展开分析，帮助你更好地理解这些特质的重要性。

高度接受不确定性，能够应对模糊事物

问题解决高手对模棱两可的事物具有很高的容忍度。他们既不要求凡事黑白分明，又不苛求知道所有问题细节。比如，他们可能很清楚公

司在曼谷的工厂出了问题，却对之前建立的体系很放心，相信不管怎样工厂总会得到很好的管理，他们相信问题一定会得到解决，所以自己不一定要亲临事故现场。而绝大多数人不是欣然接受模棱两可的事物，就是断然拒绝。

多年以来，我先后到过92个国家，并成为洛杉矶世纪俱乐部的临时会员。但我以前非常不能容忍事物模糊不清，除非航班、酒店和车辆等都已安排妥当，否则我就不愿意出门旅行。后来，我决定通过事先不做任何准备环游世界的方式来摒弃这个习惯。

未知的旅程更加迷人

我买了一张环球机票，安排了5个星期的假期追逐日落而行。至于去哪里都无所谓，只要一路西行不回头。没有任何计划，没有预订任何酒店。我去了塔西提岛、新西兰、澳大利亚、新加坡和泰国；然后，飞往德国的法兰克福，并花了2个星期的时间，租车游遍了整个欧洲；最后，我从巴黎搭乘飞机穿越大西洋返程回国。那是我度过的最兴奋、最充实的假期。

现在，我再也不会为毫无事先规划的旅行烦恼。因为虽然我花费1个月制订旅行计划，可以少受挫折，或者观察更多的事物，但是它是否会非常有趣呢？我不认为如此。

我认定无计划出游是个好主意，因此当我的小儿子约翰大学毕业时，我就让他做了一次这样的旅行。前3个星期，我们一起旅行。我们租车在日本旅游了10天，尽管当时不是登山季节，我们也没有携带登山装备，但我们还是差点就登上了富士山山顶。

然后，我们飞往韩国首都首尔，听说那里的学生正在举行抗议政府的示威游行。于是我们跑到示威前线，看到装备齐全的防暴警察正准备对学生采取措施。

紧接着，我们在台北租车进行了为期1周的环岛之旅。期间，我们还顺便体验了一次峡谷漂流。此后，我们飞往香港。最后，我丢下约翰，独自搭乘飞机返回加利福尼亚。他则继续省吃俭用，环游世界。

最终，他结束了这次历时超过 4 个月的环球之旅。整个过程，他没有一次事先预定旅馆。这次旅行的花费足以给他买辆车，或者支付房子首付。但是这样又有什么趣味呢？这次旅行他不只玩得很开心，而且收获颇丰，掌握了应对模糊事物的能力。

有些人可能不想如此行事，因为他们无法容忍一切未知。他们希望做好所有的准备，不想冒任何风险。

如果问题解决的时间宽裕，这自然是件好事，但是当问题迫在眉睫，不得不做出紧急决定时，它就会转化成为糟糕透顶的性格弱点。也许你花钱买书，并从中学到很多帮助你做出正确选择的方法，但正确的方法并不意味着完美的解决方案，假如你无法容忍模棱两可的事物，那么你很可能会被逼疯。

能够脱离问题中心，看清大局

假如你正遭受心理上、身体上或者经济上的痛苦，那么，在试图解决它之前你应该暂时远离它。

正如中国的古诗所言：不识庐山真面目，只缘身在此山中。

如果在个人生活中，人们能看到暂时远离问题的价值，那么在解决公司问题时也会对此深信不疑。有些人年复一年饱受婚姻不幸之苦，却从未有勇气说：“我要暂时离家，这样才能客观地审视这段婚姻。至于要去哪里都无所谓，只要换个环境就好。”令人惊奇的是，离开一段时间后，你会发现情形并非像你身处其中时那么无望。原来，你的选择比你认为的要多得多。

多年来，有些家长一直为问题少年头痛不已，甚至几近崩溃。他们不知道自己该如何是好。其实只要他们暂时远离问题，就会知道如何解决这个问题。在这个问题中，孩子才最应离开。但是一旦你将孩子赶出了家门，你很可能会对自己说：“我几年前为什么不这样做呢？”如此一来，孩子可能因此重新振作起来会像以前一样甚至比从前更爱你，你们之间的关系也会因此得到大大改善。看清大局的第三个规则是：从其他角度，而不是从问题中心加以观察。

善于倾听

我敢打赌，假如有两位经理，一位喜欢倾听，一位不喜欢倾听，那么喜欢倾听的那位经理一定更能解决问题。在这个信息狂轰滥炸的时代，更是如此。一位优秀的经理主持会议时，可能 80% 以上的时间往往都是在听取讨论。这样往往会令人非常沮丧，也十分无聊。因为除非我们是聆听专家，才能从讨论中获取理想的有效信息。下面，让我们从 3 个方面谈谈如何提高倾听的技巧：

提高注意力。当说话人很无趣时，听众一般会容易开小差；但反过来，听众的反应也会鼓励演讲人呈现更有趣的内容。下面，是一些能够鼓励演讲人的积极反应：

◎ 身体前倾。

◎ 头脑微侧，表明你很专注。

◎ 提问。

◎ 及时做出回应。

◎ 复述对方的话。

如果将聆听看作互动过程，那么你就会做得更好。

接下来，通过智力游戏避免无聊厌烦。将注意力集中在演讲者的演讲内容，而不是演讲形式上。比如你可以挑选一句话中最长的单词，或者复述对方的讲话。因为一般而言，人听的速度比说话速度高出 3 倍。为了避免开小差，你必须找点事做。

当然，你也可以通过改变呼吸频率来提神。如果你想更加精神，那么吸气就必须多于呼气。唯其如此，大脑才会获得更多氧气。

增强理解力。首先，从头至尾做笔记。无论参与一对一的董事会，还是团体会议，抑或大型会议，都不要忘记随身携带一些便笺纸。在纸张的最上端写上日期和题目，然后开始记录。之所以要这样做，是因为相比你回头花时间回忆会议细节，纸张记录要省时省力得多。或许你按照这样的方法做好记录，但是过后似乎没有马上派上用场，于是你随手把它们扔掉。其实这时你可能需要做的是将其归档保存，日后它们就会成为对你而言很有价值的资源。这样做，还能给对方传递一个信息：那就是你很重视他们的演讲和意见。还有一个好处，就是当人们看到你在记录时，通常会更加正确地表述。

其次，等到说话者叙述完毕再作判断。因为一旦你很快就认定演讲者是在欺骗、操弄或者自吹自擂，那你就会立刻将其拒之脑外，不再听他们讲话。不妨延迟一会，等他们说完之后，你再作评价。

掏出退货客户的心里话

我是在一家大型百货连锁店处理客户投诉时学到这一技巧的。有时客户会咆哮着冲进我的办公室：“这台洗衣机有毛病，从一买回来就没法用！”事实根本不可能这样，没有人会把一台不能工作的洗衣机摆在家里两年之后才要求退换。最后，在一通抱怨之后，投诉者们会说出第二句：“你们打算怎么办呢？”

这时你的第一反应就是：“我一直在听你的抱怨，已经半个小时了，所以我的想法就是尽快把你打发走，让你离开这个地方。”可我不能这么说。

后来我发现，对付这种情况最好的办法就是问对方：“您想让我们做什么呢？”当客户咆哮着冲进你的办公室时，他们显然希望你能有所行动，这时你首先需要做的，就是让对方冷静下来。你可以告诉他：“请您理解，我也很想解决这个问题。我是站在您这边的，所以我想请您先告诉我您的要求。”通常对方会再次勃然大怒：“我已经告诉你我们买走这东西之后受了多少罪了。”

这时你可以告诉对方：“我很理解，而且我也很想帮您。但首先，我想知道您希望我做什么。说不定我可以立刻答应您的要求。”随着我逐渐掌握了这种技巧，我开始能让一些人说出自己的心里话。如果我还需要更多信息，我就会继续提问。如果不能达成共识，我们还可以讨论哪些要求可以答应，哪些要求不能答应。

如果有可能，你可以提问。这是一种创造性的打断。

提高理解能力的关键，在于事先明白自己需要聆听的是哪些内容。假如你只是坐在听众中听演讲者讲话，那么开小差的概率就非常高，除非讲话人具有高超的演讲技能。但是假如你抱着“我要听听他是如何看待这件事情”的想法去听演讲，那么你就会更加专注，以期获得你想得到的东西。

再次，看看哪半边大脑正在主导思维。如果听到的东西让你生气或者兴奋，那么这是右脑的反应。通过关注事实和数字，你可以将其切换到左侧大脑。如果你听到的东西让你厌倦或者无法忍受，那么这是左侧大脑思维的表现。这时你就应该设身处地站在演讲人的角度想想，同情一下他们的感受。

提升评估力。想要提升你的评估水平，你还需要对个人偏见有着清晰的认识，并清楚地意识到它们将如何影响你的反应。假设你讨厌律师，那么你知道它会让你不信任他们的任何谈话。

只有你意识到了这种偏见，你才能更加客观地评估接收的信息。假设你难以忍受试图欺瞒你的人，那么无论他们说的是对是错，你都会加以排斥。为此，你必须清醒地认识到个人偏见。唯其如此，你才能提升自身对演讲人的评估能力。

谨记，不要被某个概念的热情冲昏头脑。有时，刚开始听别人讲话，你就会觉得他的话言之有理，并且迫不及待地想进行尝试。但事实上，你最好听完所有事实后再作评估。也许，某个事实的出现不仅可以让你更加冷静地思考，而且可能会让你更加激情澎湃。因为它激发了你的思维，使那个概念更加完善。最好使用中间有竖线分隔的便笺做笔记。左侧记录听到的事实，右侧书写个人评价。

总是能够围绕决策达成共识

问题解决高手总是会选择能获得大众支持的解决方案，后来的事实也证明他们的确如愿以偿。

还记得商界流传多年的狗粮故事吗？一家大公司花费多年时间研发了一种新型狗粮，之后又花费数百万美元做广告宣传，但是这种狗粮还是卖不出去。于是，公司总裁将所有销售人员召集起来，开始讨论：“你们怎么搞的？究竟是什么地方出了错？我们投入数百万美元做市场调查。为什么就卖不出去呢？”这时，坐在会议室后面的一个人说：“我们忘了问狗是不是喜欢了。”

切勿匆忙行事，一定要“征求狗狗的意见后”再制定最终的决策！

围绕决策建立共识还需要注意的一点就是，确认获得将来执行此决策的负责人的支持。我知道你非常善于激励他人，甚至可以让任何人去做任何事情。但是，顺着马跑的方向骑马不是更好吗？无论决策的诱惑力有多大，假如得不到执行者的热情支持，也必定毁于一旦。正如我前面所说，顺着马跑的方向前进。如果马倒地身亡，赶紧下马。即便如此，有些聪明人也还是会犯这种错误。

一位房产经营者昂贵的一课

我曾经和华尔街的一位刚刚购买了小型房地产经营权的金融家

有过一次谈话。我问他 :“你以前从事过房地产经营吗?”他回答说 :“没有。”我又问 :“那你为什么要这么做呢?”原来，他一直在做保险和抵押担保业务。之所以购买房地产经营权，是因为他看上了数以千计的房地产经纪人，他认为他们一定会推荐保险和担保业务给他做。但是他的这个如意算盘有一个很大的瑕疵，那就是他从来没有问过这些经纪人的想法。由于这些经纪人都是独立的签约人，而非雇员，所以他并不能确保或者强迫他们将保险和担保业务推荐给他来做。因此，他的这个计划无疑是一场灾难。在投入数百万美元的两年后，他最终放弃这个计划，给自己上了代价昂贵的一课。

假如联邦政府能意识到这一点，那么就不会出现财政赤字了。在洛杉矶地区 27 座城市中，绝大多数都有自己的交通系统。你在路上经常会看到印有城市名字的营运公共汽车，大多数都是空车而过。为什么会这样呢?究竟发生了什么?答案就是，联邦政府自作聪明为它们提供 90% 的财政补贴。难怪这些公交车空着车到处乱跑。联邦政府并未就此事达成共识，也没有弄清楚这些公交车是否已经获得市民的支持。

问题解决高手则不同，他们会围绕决策达成共识。他们在放手实施决策前，会先确认此项决策是否已经获得了要使用该项产品或服务的人的支持。也就是说，他们不会忘记先去“问问狗是不是喜欢”。为此，他们获得了将执行此项计划的人的支持。

思维灵活，懂得变通

一般而言，我们都会犯臆测的错误。虽然这个字眼比“偏见”好听一些，但是意思一样。

我不认为必须反复强调这一观点，但是我们的确必须摒除刻板印象。

之所以会有刻板印象，是因为大脑总是试图寻找一条通往决定的、阻碍最小的最短途径。通常，人们更容易假定这个人或者这种情形是否符合他们既往的经验模型，而不愿意根据它们的现实情况进行评估。

通常，我们倾向于对不喜欢或者不感兴趣的事物给予刻板印象。比如我不喜欢英国汽车，所以总是将它们与开车困难以及维修费昂贵扯在一起；我不喜欢篮球，因此总是将所有比赛与所有球员混为一谈。

当然，刻板印象有时也具有价值，比如帮助我们在信息不完整的时候得出结论。但是，它更多时候却妨碍我们挖掘与问题相关的更多信息。

还记得那道有关年轻人送到医院急诊室的脑筋急转弯题吧。当看到年轻人后，医生说：“这个病人我治不了，因为他是我的儿子。”但那位年轻人坚持说他的父亲不是医生，而是一位律师。究竟怎么回事呢？正是刻板印象在作怪，它误导我们，让我们想不到外科医生其实是一位妇女，而不是一个男人。这道脑筋急转弯的答案，就是外科医生是这位患者的母亲。

然而，比刻板印象更糟糕的是你对自己形象的刻板印象：“我就是这样。”在人生的某个时段，绝大多数人都会变得定型。只不过有些人 10 岁就开始定型，有些人则要等到 100 岁。

绝不能让自己定型！你可以改变你的行事方式。我知道这是切实可行的，因为我每个月都会与数十位南丁格尔·科南特网络的客户谈话，这些人都证实了这一点。只需将光碟放入汽车的播放器，你就会发生改变。对他人抱刻板印象即成见是失礼，对自己抱持刻板印象则是可悲。

对成本和困难有切合实际的认识

当其他人提出建议，希望得到你的认同时，这一点尤其重要。在这种情形下，绝大多数人都会过度乐观。他们对自己的计划充满热情，唯恐你会否决。这就意味着，他们对未来可能花费的时间和金钱没有一个清晰具体的认识。

这个是我从创办六七家公司后的经验中得出的。它所花费的金钱和时间可能比你想象的要至少多出 20%，甚至 2 倍。如果你对自己说“假如费用和时间都超过预算的 2 倍，会怎么样呢？这还是一个好主意吗？”假如答案是肯定的，那么眼下它肯定是一个绝好的主意。

假如答案是“它将花费 2 倍的金钱和时间，我不可能同意”，那么这时你就需要严加控制，更加谨慎地审视这个决定。

此外，要足够现实以避免盲目信任。在将计划付诸实施之前，你先问问自己：“我能够监控计划的执行者吗？他会自行其是吗？”一个避免盲目信任的好方法，就是确信计划的执行者和你一样会输不起。你不妨这样想想：“假如 1 年后，这项计划泡汤，我将会面临怎样的损失？”然后，将你的损失和计划执行人的损失作比较。这并不是说，让他在这个计划中投入现金。而是说，他们可能工作了 1 年，最后却 1 分钱也没有拿到，或者比在其他地方获利要少。总之，前提是他也遭受损失。如此一来，制定决策的风险才会降低。绝对不要制定那种足以使你赔光，而他们却毫发无损的决策。因为这样一来，他们可能除了轻轻松松度过 1 年外，还能出名。而你，则只是将自己置于巨大的危险之中。

知道如何避免决策雷区

解决问题如同走进一片雷区，你必须对自己说：“我现在正踏入的是可怕的雷区。它可能不会把我炸上天，但是我需要时刻保持高度的警惕。”以下 5 种雷区，可能会真的会将你炸上天。

“如果沃伦·巴菲特投资其中，那么这笔交易无论如何都会获利。”

一个精明的商人去做某事，并不意味着这条道路同样适合你。首先，精明的商人也会犯错。其次，更为重要的是你和他们所处的环境完全不一样。对他们来说，某个决策是个好主意；但对你来说，它却糟糕透顶。如果你基于他人之所为而制定决策，那么无论他们有多么精明，你也只不过是在将自己置于雷区而已。

“既然他们在不停地做广告，那说明产品一定很畅销。”

很多时候，只要一看到有新产品在做广告，我就告诉自己：“他们根本不可能赚到钱，广告费用太高了。”于是我会留意这则广告是否会继续播放。按常理来说，如果一则广告不是很有效，商家很快就会停播，但事实并非总是如此。有时管理层根本想不出更好的方法，有时是因为商家跟广告公司签订了一年的合约。也可能是因为商家的库存太多了，所以宁愿花钱做广告来促销，也不愿坐等着产品在仓库里烂掉。记住，当一家公司不停在做广告时，他们所面对的情况可能是各种各样的。这是第二个雷区。

“如果苹果公司也在这样做，那么它就一定是正确的。”

我是一个忠实的苹果迷，并认同苹果公司具有成功投放市场以及推销产品的辉煌历史。但与此同时，我也认为他们所作所为并非总是正确。

比如，它的第一款麦金塔便携式电脑就是一场灾难。它重达 15.8 磅，售价高达 6 500 美元。因此，销售始终不见起色。

苹果牛顿掌上电脑刚上市时，人们非常期待。它是世界上第一款掌上电脑，可以发送传真、电子邮件，阅读和识别手写符号以及图案。它当时的定价是 1 000 美元，相当于现在的 1 500 美元，但很快就被淘汰了。

也许你会说这并不影响它们的业绩，但你首先不要忘记苹果公司的利润是每季度 40 亿美元。拥有这样的收入，犯几个这样的错误自然承担得起。而你，则未必承担得起。

“如果推动计划的人满腔热情，那么他肯定能促进计划顺利实施。”

兰登书屋出版集团主席罗伯特·伯恩斯坦曾说：“谨防巧言令色的不称职之人，那些依靠人而不是机器工作的行业更应如此。只有直觉，才能让你避开这些人。”

假如提出建议的人充满热情，那整个决策过程就会被过度渲染。以学生为对象，芝加哥大学商学院的保尔·舒梅克（Paul Schoemaker）曾经做过一项调查。他将一个商业情景和可能的解决方案提供给 2 组同学，并告诉其中一组成功的概率为 80%，告诉另一组失败的概率为 20%。结果，第 1 组学生集体支持这项计划，第 2 组学生则集体反对。

当心那些巧舌如簧之人。推动计划的人满腔热情，并不一定意味着他能促进计划顺利实施。

“既然专家都这么说了，那一定是真的。”

专家们也会出错，而且经常出错。21 位出版商曾先后拒绝出版《外科医生》（*M.A.S.H*），但结果却证明它是一本难得的畅销书，并经改编后拍成一部非常成功的电影，随后还被制作成风靡数年的电视连续剧。

无独有偶，18 位出版商也曾先后拒绝了《海鸥乔纳森》（*Jonathan Livingston Seagull*），但后来该书却位居畅销书前 3 位。

慕尼黑工业大学曾经拒绝接收爱因斯坦，因为据他们所言，他没有显示出“前途”。

当初达里尔・F・扎努克之所以没有签下克拉克・盖博，只是因为他有两只招风耳。

当专家说那样做行不通时，那么你很可能正在走进一片雷区。但是当专家们说那样做肯定能行时，你同样也正走进雷区。

如果当初乔纳斯・索尔克没有质疑专家，那么他就不可能发现治疗小儿麻痹的疫苗。因为那些专家们说对病毒形成免疫的唯一方法，就是被病毒感染。正是这种质疑的勇气，他才得以最终发现了治疗小儿麻痹的方法。绝大多数伟大的科学发现，都是在有人鼓起勇气挑战权威的情况下获得的。

最后，是我最喜欢的一个“专家说他们确信”的故事：

1906 年，天文学家帕西瓦尔・罗威尔精确地绘制出了火星上的红色运河，并被收入地图以及教科书中全世界发行。后来，人们发现火星上根本就没有什么运河。所谓的红色运河，原来是患有罕见眼疾的帕西瓦尔・罗威尔在自己眼睛里看到的静脉血管！但是不必为他担心，因为他并未被世人遗忘。如今这种病已经是尽人皆知，它就是罗威尔综合征。

让问题“到我为止”

本节关键要点

◎ 积极主动想办法，不为回避问题找借口。正视问题、放松心情，把问题看作成长的机会并相信自己有能力解决问题，愉快地迎接问题。

◎ 解决问题，克服困难不光靠机敏的口才，更重要的是，解决困难时要做到多角度思考。

◎ 掌握了有效的思考方法，就能迅速理清思路，越过混沌纷扰的表象，直接逼近问题核心，在一定既定约束条件下，漂亮地解决问题，达成目标。

面对工作当中不断出现的问题，不同的人却有不同的表现：

◎ 有人逃避问题，因为他们对自己解决问题的能力没有自信；

◎ 有人害怕问题，因为他们害怕在解决问题时给自己带来麻烦；

◎ 有人解决问题，因为他们知道只有解决问题才是避免问题的良方。

那么，问题出现了，到底应该怎么办？问题解决高手只有一个答案，那就是要彻底地解决它，不留任何后患。在商务活动中，成功者与失败者的分水岭，就在于前者能够勇敢地解决问题，闯过道道难关通向胜利。而后者却像鸵鸟一样把头钻进沙子里，对问题视而不见，指望别人替自己把问题解决好，或者幻想问题自动消失。他们不知道：问题永远不会自动消失，你不能彻底解决它，它就会不断地骚扰你。

想办法才会有方法，方法总比问题多。问题解决高手面对问题时，总是去积极主动想办法，从不为回避问题找借口。他们正视问题、放松心情，把问题看作成长的机会；他们相信自己有能力解决问题，愉快地迎接问题。因为他们明白：企业需要的是解决问题的人，成功青睐的也是那些善于解决问题的人。

海尔管理有一句话：管理的本质，不在于知，而在于行。现实工作中，往往都是一些“知”的人，“讲”的人太多，行的人太少。我们每个人，都应该成为一个“行”的人，这对于你的公司，对于你个人而言，都是非常重要，非常重要的。事实上，管理者的能力体现在哪里？管理者的能力就体现在他的“解决问题”的能力上。管理者解决问题越多、越好，那么管理者的能力就越强，价值就越大。“能力与解决问题是成正比的”。

这本书教你如何从改变思维方式入手，巧妙而精确地使用大脑以寻求正确的发展思路；教你如何改变工作态度，发现并主动寻找方法解决问题；教你如何应用科学的方法解决工作中的各种难题等。比如，有很多业务员在我的培训课堂上都会向我诉苦：陌生拜访的环节有很多困难，客户也很刁难，我没有办法克服。那么，我与你分享下面这个案例：

> 一个业务员在目标客户的董事长办公室门外，请董事长秘书把自己的名片传递给这位董事长，希望能面谈。但董事长不接受并要求退回，如是再三，董事长发怒了，他咆哮着撕掉了这张名片，并从口袋里面掏出10元钱，叫秘书对该业务员说，用10元钱买下这张名片，要求他赶快离开。
>
> 而这个业务员在听到秘书的转述之后，接下了钱放入口袋，然后再掏出一张自己的名片递给秘书，并用董事长能听得到的音量说：“对不起，我的名片5元一张，我没有零钱找，就再给你一张吧”。秘书还没有回答，董事长就在办公室里发话，请这个业务员进去面谈了。

面谈的结果我们不得而知，但我们可以看到，这个业务员用自己的心态和机智解决了问题，给自己创造了成功的机会。解决问题，克服困难不光靠机敏的口才，更重要的是，解决困难时要做到多角度思维。

> 圆珠笔在诞生之后，因为笔尖的磨损，经常造成油墨的泄漏，弄脏衣物和纸张，而众多技术人员在解决这个问题时把主要精力放在了如何提高笔尖的坚固方面，例如采用硬度最高的金刚石，却因为不切实际而陷入困局。后来日本一男子转而从油墨入手，他经过试验发现普通的滚珠在书写 15 000 字左右就会变小，发生漏墨现象。于是他把笔芯里的油墨减少，控制在能书写 15 000 字的容量，当笔尖磨损时，油墨就用完了，这样就圆满解决了笔头漏墨的问题。

当我们陷入价格战的泥沼，而无可自拔的时候，我们是和竞争对手对抗到底还是想办法抽身而出，从另一个角度和它进行较量？“上帝每制造一个困难，就会同时制造 3 个解决它的方法来。”所以，世上只要有困难，就会有解决的方法。而且“方法总比困难多”，只是你暂时没有找到合适的方法而已。

水龙头漏水，自然有解决的方法；自行车轮胎跑气了，自然有解决的方法；电视机的质量不好，自然有解决的方法；销售成绩不好，自然有解决的方法。同样，收入不高，自然有解决的方法；技能不够好，自然有解决的方法。我们每个人和每个组织在每一天都会面临各种问题：大到企业的发展战略、政府机构的规划方案，小到个人的职业、生活、财务、人际、家庭等种种琐碎的问题。其实所有的问题本质都是简单的，只要你掌握了有效的思考方法，就能迅速理清思路，越过混沌纷扰的表象，直接逼近问题核心，在一定既定约束条件下，赢得相关人士的支持，漂亮地解决问题，达成目标。

在本书最后，我送给大家一句话：做个问题解决高手，让问题“到我为止”。

GRAND CHINA

中　资　海　派　图　书

扫码购书

[美]比娜·文卡塔拉曼　著

曹　烨　译

定价：69.80 元

《决策，快与慢》

打破人性本就短视近利的迷思
获取塑造永续未来的长期主义决策力量

在本书中，奥巴马政府高级顾问比娜·文卡塔拉曼讲述了她从世界各地采访而来的故事，并结合了生物学、心理学与经济学的最新研究成果，解释了人类为何总是短视近利。通过从古代庞贝城到现代福岛的案例，她破除了人性鲁莽轻率的迷思，提供了可达成的长期主义方法，帮助人们做出对自己、企业和社区长期有利的决策。

- 为什么大部分的企业管理者只顾着短期的获利，而不敢放胆投资极具增长潜力的项目？
- 女川核电站设计师为何能“预测”未来，使其免于千年一遇的大地震破坏，避免核泄漏灾害？
- 深陷贫困的人们为何总是寄希望于彩票或者小额贷款，从而陷入更深的财务危机之中？
- 为什么即使人类的知识水平以远超从前，我们却依旧经常做出短视的决策？

GRAND CHINA PUBLISHING HOUSE

扫码购书

[英] 布鲁斯·戴斯利　著

尘间　译

定价：69.80 元

《唤醒吧！职场多巴胺》

尝试本书方法并推荐给你的老板
让每个人都享受快乐的工作体验

通过在谷歌、油管和推特等公司的任职经历，布鲁斯·戴斯利发现，互联网时代的新技术非但没有解放我们，反而要求我们“全天候在线”，并让我们面临着随时被机器和人工智能取代的风险。他与管理学、心理学、经济学等各领域专家共同探讨了让我们更快乐、高效地工作以及提高创造力的方法。

在《唤醒吧！职场多巴胺》中，布鲁斯毫不保留地分享了他的研究成果，充满温情与幽默。这本书是一种结合生活方式的工作指南，它既可以改善工作文化，又有利于身体健康，同时大大增加你的幸福感。

- 什么是“僧侣模式早晨”？为什么我们要捍卫自己的深度工作时间，进入心流状态？
- 公司每周的会议时间可以直接减半吗？作为参会者，怎样推动会议变得更高效？
- 如何鼓励一种好奇心文化，创造大家积极情绪和创意想法的集体“井喷”？